essentials

essentials liefern aktuelles Wissen in konzentrierter Form. Die Essenz dessen, worauf es als „State-of-the-Art" in der gegenwärtigen Fachdiskussion oder in der Praxis ankommt. *essentials* informieren schnell, unkompliziert und verständlich

- als Einführung in ein aktuelles Thema aus Ihrem Fachgebiet
- als Einstieg in ein für Sie noch unbekanntes Themenfeld
- als Einblick, um zum Thema mitreden zu können

Die Bücher in elektronischer und gedruckter Form bringen das Expertenwissen von Springer-Fachautoren kompakt zur Darstellung. Sie sind besonders für die Nutzung als eBook auf Tablet-PCs, eBook-Readern und Smartphones geeignet. *essentials:* Wissensbausteine aus den Wirtschafts-, Sozial- und Geisteswissenschaften, aus Technik und Naturwissenschaften sowie aus Medizin, Psychologie und Gesundheitsberufen. Von renommierten Autoren aller Springer-Verlagsmarken.

Weitere Bände in der Reihe http://www.springer.com/series/13088

Florian C. Kleemann · Andreas H. Glas

Einkauf 4.0

Digitale Transformation der Beschaffung

2., aktualisierte und überarbeitete Auflage

 Springer Gabler

Florian C. Kleemann
Hochschule für Angewandte
Wissenschaften München
München, Deutschland

Andreas H. Glas
Universität der Bundeswehr München
Neubiberg, Deutschland

ISSN 2197-6708 ISSN 2197-6716 (electronic)
essentials
ISBN 978-3-658-30789-9 ISBN 978-3-658-30790-5 (eBook)
https://doi.org/10.1007/978-3-658-30790-5

Die Deutsche Nationalbibliothek verzeichnet diese Publikation in der Deutschen Nationalbiblio-
grafie; detaillierte bibliografische Daten sind im Internet über http://dnb.d-nb.de abrufbar.

Planung/Lektorat: Susanne Kramer
Springer Gabler ist ein Imprint der eingetragenen Gesellschaft Springer Fachmedien Wiesbaden
GmbH und ist ein Teil von Springer Nature.
Die Anschrift der Gesellschaft ist: Abraham-Lincoln-Str. 46, 65189 Wiesbaden, Germany

Was Sie in diesem *essential* finden können

- Eine kompakte Einführung, wie Industrie 4.0 den Einkauf verändern wird (Strukturen, Prozesse, Objekte).
- Einen Einblick in die Entwicklungslinie von E-Procurement zu Einkauf 4.0. Der digitalisierte Einkauf kann vernetzt, autonom, in Echtzeit und vorrausschauend agieren.
- Positionierung des Einkaufs als zentrale und digitalisierte Schnittstelle zum Lieferantenmarkt als Quelle innovativer Vorprodukte.
- Überblickswissen über die Entwicklungsstufen des Einkauf 4.0 als Voraussetzung für eine strategische Ausrichtung der Einkaufsorganisation. Das *Essential* unterstützt Praktiker bei der Evaluation des eigenen Reifegrades.
- Anregungen bei der Erstellung einer Digitalisierungsstrategie ("Roadmap Einkauf 4.0"), fundiert durch eine Szenarioanalyse zur Realisierung einer Industrie 4.0.

Vorwort zur 2. Auflage

Knapp drei Jahre sind vergangen, seit die erste Auflage dieses Werks erschienen ist. Der große Zuspruch, mehr aber noch die hohe Dynamik des Themas, lassen es aus Sicht der Autoren sinnvoll erscheinen, eine Aktualisierung vorzunehmen. Die massiven Entwicklungen im Umfeld der Digitalisierung werden so nachgezeichnet und vertiefte Einblicke in aktuelle Umsetzungs- und Implementierungsherausforderungen gegeben. Bei der Aktualisierung wird jedoch der pragmatische Ansatz des *Essentials* beibehalten, der sicher zum Erfolg der ersten Auflage beigetragen hat. Daher wird der Spagat angenommen, ein so vielschichtiges wie komplexes Thema des „Einkauf 4.0" in der gebotenen Kürze eines *Essentials* knapp und verständlich darzustellen.

Damit geht die zweite Auflage verstärkt der Frage nach, wie sich die Digitalisierung „isoliert oder integriert" auf einzelne Unternehmensfunktionen wie den Einkauf auswirkt. Zentrale Elemente der ersten Auflage – z. B. das Reifegradmodell Einkauf oder die Roadmap – wurden beibehalten und mit Erfahrungen aus Forschungs- und Beratungsprojekten weiter verfeinert. Wesentliche Erweiterungen dagegen haben, parallel zur thematischen Entwicklung, u. a. in den Bereichen „Prozesse" und „Organisation" stattgefunden, was sich – basierend auf aktuellen Forschungsarbeiten – in der deutlich tieferen Ausarbeitung widerspiegelt. Wir hoffen, hier eine erkenntnisreiche Basis für die „digitale Transformation" der Beschaffung zu bieten.

Einen solchen Fortschritt darzustellen, ist dabei nicht nur Aufgabe von uns Autoren. Entsprechend möchten wir uns zunächst bei unserem Netzwerk aus Studierenden, Praktikern und Wissenschaftlern bedanken. Besonderer Dank gilt dem Springer Verlag, insbesondere Frau Susanne Kramer, für deren verlässliche Begleitung und unserem gemeinsamen Doktorvater Prof. Dr. Michael Eßig für seine weiterhin kollegial-freundschaftliche Unterstützung.

Für die intensive Möglichkeit der praktischen Weiterentwicklung der Thematik möchte ich – Florian C. Kleemann – mich speziell bei einigen Kooperationspartnern bedanken, zuerst die Herren Ralf Gerlach und Christoph Maier von der Giesecke + Devrient Currency Technology GmbH, München, weiterhin die Herren Domenico Gentile sowie Steffen Bausinger von der TransnetBW GmbH samt ihrer Teams. Ebenso danke ich den Kollegen und Kolleginnen der Hochschule München für die Gewährung der zeitlichen Freiräume zur Umsetzung eines solchen Publikationsvorhabens. Den größten Dank jedoch verdient sich mein privates Umfeld – insbesondere „meine" Jenny: ohne Deine wie selbstverständlich gewährte Unterstützung und Freiräume wäre dies nicht möglich.

Besonders danken möchte ich – Andreas H. Glas – meinen Kooperationspartnern im Themenkomplex Einkauf 4.0, insbesondere Herrn Jens Holtmannspötter (Koordinator 3DDruck, WiWeb) und Frau Olivia Peters (Public Sector Key Account, Amazon Business). Weiterhin bedanke ich mich bei meinen Kolleginnen und Kollegen der Universität der Bundeswehr München. Mein herzlichster Dank richtet sich auch diesmal und wie immer an meine Familie. Danke Silvia, Kilian und Konstantin für Eure Unterstützung!

Liebe Leserinnen und Leser der zweiten Auflage, wir bedanken uns bei Ihnen für Ihr Interesse und hoffen Ihnen mit diesem *Essential* einen guten Einstieg in die Thematik bieten zu können. Wir wünschen viel Erfolg beim Ausprobieren der digitalen Möglichkeiten in Ihrer Einkaufsfunktion. Gerne können Sie uns auch Ihre Erfahrungen über die sozialen Medien (Xing, LinkedIn etc.) mitteilen. Wir freuen uns auf den Austausch mit Ihnen (Aus Gründen der Lesefreundlichkeit verzichten wir auch in der aktualisierten zweiten Ausgabe auf eine geschlechterspezifische Ansprache).

München   Florian C. Kleemann
im Frühjahr 2020   Andreas H. Glas

Vorwort zur 1. Auflage

Die Begriffe „Industrie 4.0" und „digitale Revolution" sind nur noch schwer aus der betriebswirtschaftlichen Diskussion, von Fachtagungen und Konferenzen wegzudenken. Die Digitalisierung hat alle Wirtschaftszweige erfasst. Damit geht einher, dass zunehmend die Auswirkungen aber auch die Potenziale der Digitalisierung in sämtlichen Funktionsbereichen der Unternehmen erkannt werden. Doch während im Bereich Produktion, Logistik oder Vertrieb schon recht umfangreiche Literatur vorliegt, fehlt gerade im Einkauf bisher ein bündiger Leitfaden -trotz der Schlüsselrolle in Richtung der (innovativen) Beschaffungsmärkte.

Genau dieser Herausforderung und Frage, nämlich inwiefern die Industrie 4.0 die Einkaufspraxis verändert, haben wir uns bereits seit 2015 in mehreren Forschungsprojekten gewidmet. Die Basis hierfür bildeten zahlreiche Expertengespräche, sowie eine großzahlige, strukturierte Befragung von Praktikern. Begleitet wurde diese Arbeit vom permanenten Austausch und Diskussionen im Rahmen von Vorträgen, Tagungen etc., um stets die Rückkopplung zur Unternehmenspraxis sicherzustellen.

Nach solch intensiven Phasen wollen wir dabei auch die Chance nutzen, einige Worte des Dankes zu formulieren. Mein − Florian C. Kleemann − besonderer Dank richtet sich in diesem Fall an meine Familie mit Ulrike, Karl, Andreas sowie an meine Freunde. Sie lassen mich trotz der damit verbundenen hohen zeitlichen Belastung immer wieder meiner akademischen Neugier nachgehen.

Der spezielle Dank von mir − Andreas H. Glas − gilt zu allererst meinem Sohn Kilian, der mit seinen drei Jahren und seinem Hüpfpferd Rudy alles daran setzt mich vom Schreiben abzulenken. Gut gemacht! Ein herzlicher Dank geht − „wie immer" − an meine Frau Silvia. Meinen Teil der Arbeit widme ich Euch beiden.

Des Weiteren möchten wir uns gemeinsam beim Springer Verlag für die Möglichkeit bedanken, dieses Buch einem breiten Interessentenkreis aus der

Einkaufspraxis anbieten zu können. Ebenso danken wir den vielen Teilnehmern unserer Forschungsprojekte, ohne die eine solche Arbeit nicht möglich gewesen wäre.

Außerdem gilt unser herzlicher Dank unserem gemeinsamen Doktorvater, Herrn Professor Dr. Michael Eßig. Nicht nur waren dessen Arbeiten zum E-Procurement eine wichtige Inspirationsquelle für die „nächste Stufe der Digitalisierung". Seine stets fördernde Art der Führung und die Neugier, neue Wissensgebiete (wie das des „Einkauf 4.0") zu erschließen, waren uns Motivation und Ansporn zugleich.

Zuletzt möchten wir unseren Leserinnen und Lesern für ihr Interesse an diesem Werk danken (verzichten jedoch auf in der Folge aus Gründen der Lesefreundlichkeit auf eine geschlechterspezifische Ansprache). Wir wünschen umfassende neue Erkenntnisse und viele Anregungen für die praktische Umsetzung und freuen uns auf den Austausch mit Ihnen.

München   Florian C. Kleemann
im Frühjahr 2017   Andreas H. Glas

Inhaltsverzeichnis

Unternehmen benötigen für die Erfüllung ihres (Produktions-)Zwecks die hierfür notwendigen, aber nicht selbst hergestellten Leistungen (analog zu Arnold 1997). Der Bereich, der in einem arbeitsteilig, funktional organisierten Unternehmen dafür Sorge zu tragen hat, dass diese Aufgabe erfüllt wird, nennt man „Einkauf".

Der Einkauf hat sich zu einer vielschichtigen Tätigkeit herausgebildet. Dies führt zu einer Vielzahl von verwandten, verschachtelten und konkurrierenden Begrifflichkeiten und Konzepten („Sourcing", „Beschaffung", „Materialwirtschaft" usw.). Dieses „Fass" wird an dieser Stelle bewusst nicht aufgemacht und lediglich darauf verwiesen, dass erstens die Übergänge im Verständnis vieler Begriffe sowieso häufig fließend sind (Werner 2013, S. 16) und zweitens viele Tätigkeiten traditionell mit „einkaufen" gleichgesetzt werden (van Weele und Eßig 2017, S. 20).

Aus diesen Gründen adressiert dieses Essential den *Einkauf* und versteht darunter sowohl die tendenziell effizienz- und abwicklungsorientierten Tätigkeiten des operativen Einkaufs als auch die eher effektivitäts- und strukturgebenden Tätigkeiten des strategischen Einkaufs (ähnlich Werner 2013, S. 16).

Obwohl einkaufen prinzipiell so alt ist die Geschichte des Handelns, so überrascht doch, dass sich der „Einkauf nur langsam weiterentwickelt" (Ellram 1994) und sich (noch) in den 2000er Jahren überhaupt ein Diskurs über „Rückständigkeit", „Fortschritt" und „Entwicklungsstand" des Einkaufs entwickeln konnte (u. a. Arnold et al. 2004). Tatsächlich würde man der Praxis und Forschung im Einkauf aber unrecht tun, wenn man generell eine geringe Wandlungsfähigkeit unterstellen würde.

Allerdings existieren heute, in den 2020er Jahren, neue und große Herausforderungen. Moderne Technologien der Digitalisierung werden tiefgreifend die Produkte und Prozesse von Unternehmen sowie die Zusammenarbeit zwischen

F. C. Kleemann und A. H. Glas, *Einkauf 4.0*, essentials, https://doi.org/10.1007/978-3-658-30790-5_1

ihnen verändern („Industrie 4.0"). Davon bleibt auch der Einkauf keinesfalls unberührt. Daher muss der Einkauf erneut und vielleicht in erhöhtem Maße seine Wandlungsfähigkeit unter Beweis stellen – auch, um die sich bietenden Chancen der skizzierten Veränderung zu nutzen.

Dieses Essential geht dieser Thematik nach und erläutert in der notwendigen Kürze dieser Reihe, wie neue Technologien („Digitalisierung") und Zielsetzungen (z. B. „Nachhaltigkeit") den Einkauf verändern und auf welche Weise man diesen Wandel steuern kann.

Aus diesem Grund wird zunächst in Kap. 2 Bezug auf die Entwicklung der Digitalisierung („Industrie 4.0") genommen, um dann in Kap. 3 die Entwicklungsstufen des Einkauf 4.0 zu beschreiben. In Kap. 4 wird die zukünftige Entwicklung des Einkaufs anhand von Szenarien und Prognosezahlen evaluiert. Die Elemente des „Einkauf 4.0-Management" werden in Kap. 5 erläutert. Kap. 6 zeigt einen Weg auf, um den Wandel hin zum Einkauf 4.0 aktiv zu steuern.

Digitalisierung und „Industrie 4.0" 2

Im folgenden Kapitel werden zunächst Rahmenkonstrukte des Einkauf 4.0 betrachtet – Industrielle Revolutionen, Digitalisierung und die Lieferkette.

2.1 Überblick „Industrie 4.0"

Beschäftigt man sich erstmals mit der Thematik der „Digitalisierung" ist oft nicht klar, was darunter überhaupt zu verstehen ist. Um das abzugrenzen, wird hier auf den Begriff von „Industrie 4.0" referenziert. Dieser Begriff ist nämlich explizit erst aufgrund digitaler Neuerungen entstanden.

Die Versionsbezeichnung „4.0" geht auf die Geschichte industrieller Produktion in den vergangenen gut 250 Jahren und den dort beobachteten „revolutionären" Entwicklungsphasen zurück (Bauernhansl 2014, S. 6). Insgesamt werden vier Entwicklungsphasen unterschieden, die im Wesentlichen an besonders herausragenden, nachfolgend skizzierten Technologien festgemacht werden. Jede Entwicklungsphase wiederum veränderte die Industrie in einer bestimmten Form, was in aller Regel zu einer Produktivitätssteigerung führte.

Die jüngste und aktuell fortschreitende Entwicklung digitaler Informations- und Kommunikationstechnologie und deren Anwendung in Produktion und Logistik von Industrieunternehmen wird als vierte revolutionäre technologische Entwicklungsphase angesehen. Diese – vierte Phase – wird daher auch mit dem Begriff „Industrie 4.0" bezeichnet. In anderen Ländern genutzte Begriffe für das gleiche Phänomen sind z. B. das in den USA gebräuchliche „Industrial Internet" oder das „Internet der Dinge", welche vielleicht etwas spezifischer sind (Drath und Horch 2014, S. 56). Andererseits hat sich der Begriff „Industrie 4.0" – in jedem Fall im deutschen Sprachraum – durchgesetzt (Tab. 2.1).

F. C. Kleemann und A. H. Glas, *Einkauf 4.0*, essentials, https://doi.org/10.1007/978-3-658-30790-5_2

Tab. 2.1 Entwicklungsstufen von Industrie 1.0 zu 4.0

Schlüsseltechnologie	Industrieller Fähigkeitssprung
Bereitstellung von Energie mittels Dampf- und Wasserkraft	Industrie 1.0: Möglichkeit der mechanisch-maschinellen Produktion
Bereitstellung von Energie mit Hilfe von elektrischem Strom und Verbrennungs- motoren	Industrie 2.0: Möglichkeit neuer, arbeits- teiliger Produktionsmethoden (Massen- fertigung)
Nutzung von Elektronik und Informations- technologie	Industrie 3.0: Automatisierung und operative Optimierung von Produktions- abläufen
Digitalisierung	Industrie 4.0: Autonomisierung und intelligent-vorausschauende Optimierung von ganzen Produktionssystemen

Erkennbar ist, dass sowohl „Digitalisierung" als auch „Industrie 4.0" mehr Sammelname als exakte Definition sind. Wie im folgenden Kapitel noch detaillierter gezeigt wird, subsumiert „Digitalisierung" eine Vielzahl unterschiedlicher Technologien. Zu nennen ist hier sicherlich leistungsfähige Kommunikationstechnologie (Internet), multifunktionale (mehrachsfähige) Maschinen, intelligente Sensorik, Datenspeicher- und Analytik-Systeme (künstliche Intelligenz, Big Data, Cloud) und intuitive Bedienelemente an der Mensch-Maschine-Schnittstelle (Obermaier 2017, S. 13). Die unterschiedliche Reife einzelner Technologien und das Wechselspiel zwischen den Technologien macht es aktuell sehr schwer das Phänomen der Digitalisierung konkret zu fassen.

Andererseits fällt es noch schwerer, die genaue Wirkung auf Unternehmen und die Industrie abzuschätzen. Es ist weitgehend unstrittig, dass eine neue Form industrieller Wertschöpfung entsteht („Smart Factory", „Industrial Internet" usw.). Die präzise Benennung, welche neue industrielle Fähigkeit tatsächlich durch Digitalisierung entsteht, ist trotzdem keineswegs einfach. Ganz allgemein umfasst das Leistungsversprechen der Digitalisierung im industriellen Kontext die Erreichung eines bisher unerreichten Maßes an Flexibilität und Produktivität im gesamten Wertschöpfungsmanagement (Kersten et al. 2014, S. 101). Die Basis hierfür sind insbesondere automatisierte und auch autonom ablaufende Prozesse. Dann verspricht Industrie 4.0 die Möglichkeit einer effizienten, nachhaltigen Produktion maßgeschneiderter Produkte (Losgröße 1) wie auch die marktoptimale Herstellung und Distribution großvolumiger Stückzahlen und dies alles bei erhöhter Dynamik und Anpassungsfähigkeit der Wertschöpfungskette und unter Ausnutzung neuer Geschäftsmodelle (Huber 2018, S. 95). Eine wesentliche Basis hierfür ist die Ergänzung der Planung durch vorausschauende Analytik unter Nutzung aktueller Daten.

Dabei wird in Industrie 4.0 keineswegs davon ausgegangen, dass sich die „revolutionären" Entwicklungen ausschließlich auf isoliert betrachtete Unternehmen beziehen. Vielmehr werden sich die erwarteten Veränderungen durch Digitalisierung und Vernetzung auch deutlich in unternehmensübergreifenden Wertschöpfungsketten widerspiegeln. Die wesentliche Schnittstelle eines Unternehmens zu vorgelagerten Zuliefermärkten ist der Einkauf. Damit kommt dieser Funktion eine wesentliche Rolle zu, um den Wandel hin zur Industrie 4.0 zu orchestrieren. Neue Technologien, Prozesse und Geschäftsmodelle sind im Einkauf zu berücksichtigen. Hier setzt dieses Kapitel an und stellt dar, wie sich der Einkauf die Digitalisierung zu Nutze machen kann.

Fazit

- Digitalisierung als Sammelbegriff für zahlreiche Technologien.
- Industrie 4.0 als vierte industrielle Revolution mit weitreichenden Leistungsversprechen.
- Einkauf als Kernfunktion der Wertschöpfung umfassend von Digitalisierung betroffen.

2.2 Kernelemente der Digitalisierung

Will man die Effekte der Digitalisierung auf den Einkauf besser verstehen, so lohnt es sich zunächst zu veranschaulichen, welche neuen Aspekte diesem technologischen Wandel zugeschrieben werden. Dabei ist sicher grundlegend die Sichtweise des Arbeitskreises Plattform Industrie 4.0, welche annimmt, dass die Digitalisierung eine Vernetzung von autonomen, sich situativ selbst steuernden, sich selbst konfigurierenden, wissensbasierten, sensorgestützten und räumlich verteilten industriellen Produktionsressourcen (Maschinen, Anlagen, Produkten, Diensten etc.) inklusive deren Planungs- und Steuerungssystemen ermöglicht (Arbeitskreis/Plattform Industrie 4.0, 2013).

Verdichtet man diese Fähigkeiten in wenige, konstitutive Bestandteile, so ergeben sich insbesondere folgende Kernfähigkeiten der Digitalisierung (Obermaier 2017, S. 8 sowie 15 ff.):

- **Kommunikation in Echtzeit:** Große Mengen an Daten zu Nachfrage, Produktion, Angebot etc. können mithilfe modernster Kommunikationstechnologien weltweit unmittelbar bei der Entstehung weitergegeben werden.
- **Mehrstufige Vernetzung:** Die Steuerung von Fertigungsprozessen erfolgt anhand durchgängig kompatibler Daten und Systeme über die Grenzen klassischer (Unternehmens-)Strukturen hinweg. Eingebunden sind nicht mehr nur die Produktionsmaschinen. Vielmehr werden auch die Produkte (und ggf. Menschen als Entscheider, Bediener, Interaktionselemente) vollständig in die systembasierte Kommunikation eingebunden.
- **Intelligent-autonome Systeme:** Die vernetzten Systeme steuern sich zunehmend selbst (autonom) und sind lernfähig (intelligent). Dem gegenüber stehen die bisherigen, automatisierten Technologien, die weitgehend ausführten, was einmal vorgegeben war, z. B. durch feste Programmierung. Intelligent-autonome Systeme erlauben eine prognostische Optimierung auf Basis großer Datenmengen in nahezu Echtzeit.

Die drei konstitutiven Bestandteile sind voneinander abhängig bzw. stehen in Wechselwirkung. So benötigt eine optimierte, prognostische Planung große Datenmengen, welche nur durch leistungsfähige Kommunikation bereitgestellt werden kann. Gleichzeitig müssen die Optimierungsergebnisse der lernfähigen Systeme auch umgesetzt werden, was nur dann gelingt, wenn durch mehrstufige Vernetzung eine sichere und passgenaue Steuerung des Wertschöpfungsmanagements gelingt. Insgesamt stellt die zukünftige Implementierung dieser drei Konzeptbestandteile die Fähigkeitsbasis dar, um Industrie 4.0 zu ermöglichen. Die Implementierung dieser konzeptionellen Bestandteile ist aber noch in vollem Gange und sicher noch nicht in der Breite produzierender Unternehmen angekommen, geschweige denn abgeschlossen. Daher kann aktuell nur geschätzt werden, welche tatsächlichen Auswirkungen die Digitalisierung auf das Wertschöpfungsmanagement haben wird.

Fazit

- Kernfähigkeiten der Digitalisierung: 1) die Kommunikation in Echtzeit, 2) mehrstufige Vernetzung und 3) intelligent-autonome Systeme.
- Die Implementierung der Digitalisierung und die vierte industrielle Revolution dauern noch an.

2.3 Rahmenentwicklung „Digitalisierung in der Supply Chain"

Konzentriert man sich auf die Wirkung, also die Veränderungen, welche die Digitalisierung für die Industrie mit sich bringt, so scheint fast „alles" möglich zu sein. Scheinbar können viele der aktuellen Problemlagen in vielen Industriezweigen mithilfe der Digitalisierung gelöst oder zumindest verbessert werden.

Das Lösungsversprechen der Digitalisierung knüpft dabei an die Herausforderungen an, welche auch nach über 20 Jahren Supply-Chain-Management-Forschung immer noch hochrelevant sind: Wertschöpfungsketten arbeiten – wenn die Kundenbedürfnisse nicht hinreichend bekannt sind oder Informationen nicht bestmöglich verteilt sind – am Bedarf vorbei. Hebt man das Informationsproblem hervor, so werden Informationen oft nicht oder nur teilweise entlang der Wertschöpfungskette weitergegeben. Informationen erreichen so eben nicht alle Akteure, die potenziell einen (planerischen) Nutzen aus den Informationen ziehen könnten. Informationssilos und Brüche herrschen oft vor. Eine optimale (!) Steuerung der Produkte und Dienstleistungen in der Wertschöpfungskette wird mangels „guter" Informationen ebenso unmöglich, wie auch ein Optimum im Finanzmittelfluss oft nur mathematisch möglich scheint (Abb. 2.1).

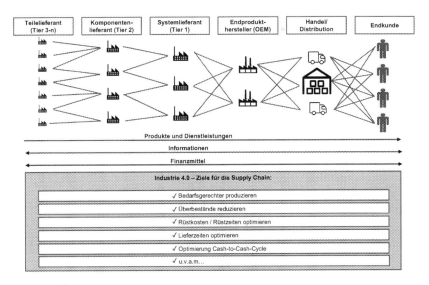

Abb. 2.1 Überblick Supply Chain und Ziele Industrie 4.0

An dieser Stelle setzt Industrie 4.0 an. Unternehmen vernetzen und digitalisieren ihre Produktionsressourcen. So ermöglichen sie ein hohes Maß an autonomen Abläufen, was bereits intern zu bedarfsgerechterer Produktion, geringeren Beständen, höherer Flexibilität etc. führt. Durch Kopplung können dann auch unternehmensübergreifende Potenziale (z. B. bei den Logistikkosten) gehoben werden (Kleemann und Glas 2016, S. 4).

Bei den Zielen von Industrie 4.0 werden die Fertigung als Kernaufgabe der Industrie und auch die Logistik als zentrale Unterstützungsfunktion klar benannt (Hompel und Henke 2014, S. 615 f.). Der Einkauf fehlt hier zunächst. Dies überrascht, stellt doch der Einkauf die Schnittstelle für die unternehmensübergreifende Zusammenarbeit mit den Lieferanten erst her. Er ist sogar mehrfach gefordert: Einerseits müssen die notwendigen Technologien von Industrie 4.0 einem Unternehmen erst verfügbar gemacht werden (Einkauf von Investitionsgütern, Einkauf von Software und Services) und andererseits wird sich die Zusammenarbeit zwischen den Lieferanten und ihren Abnehmern verändern, was sich natürlich auch auf die Aufgaben und die Arbeitsorganisation des Einkaufs auswirken wird. Schon hier zeigt sich: diese Herausforderungen gehen über Lösungsansätze der bisherigen elektronischen Beschaffung hinaus, was im folgenden Abschnitt erörtert wird.

Fazit

- Effiziente Wertschöpfung mit kundenorientierten Leistungsangeboten ist das Kernziel der Industrie 4.0 für die „Supply Chain" und damit auch das Ziel für den Einkauf 4.0

Grundzüge des Einkauf 4.0

3

Eine nicht untypische Reaktion auf die Diskussion eines „Einkauf 4.0" ist die Aussage, dass die Einkaufsprozesse doch bereits durch eine umfassende elektronische Beschaffungslösung (E-Procurement) unterstützt werden. Tatsächlich werden seit Jahren operativ-unterstützende und analytische IT-Systeme im Einkauf eingesetzt. Doch der Entwicklungspfad zum „digitalen Einkauf" der nächsten Generation geht über bisher bekannte und genutzte Funktionalitäten hinaus. Dieser Abschnitt wird zeigen, dass die neuartigen Möglichkeiten der Digitalisierung (Kommunikation in Echtzeit, mehrstufige Vernetzung, intelligent-autonome Systeme) die Einkaufsprozesse stark verändern werden. Die Veränderung ist so umfassend, dass es gerechtfertigt ist, auch im Einkauf von der nächsten Entwicklungsstufe, dem Einkauf 4.0, zu sprechen.

3.1 Technologische Entwicklungsstufen des Einkaufs

Vergegenwärtigt man sich nochmals die Kernaufgabe des Einkaufs, die Versorgung eines Unternehmens mit benötigten, aber nicht selbst hergestellten Gütern, dann steht die rechtliche Güterbereitstellung (Verträge) im Vordergrund, während es Aufgabe der (Beschaffungs-)Logistik ist, die Versorgung auch physisch sicher zu stellen (Transportkette und Wareneingangslager).

Kernaufgaben des Einkaufs sind 1) die Bedarfsermittlung; 2) die Beschaffungsmarktforschung, 3) die Analyse und Bewertung der Make or Buy-Frage, 4) die Vertragsvereinbarung und Bestellabwicklung, 5) das Lieferantenmanagement sowie 6) das strategische Einkaufsmanagement und das Einkaufscontrolling (Kummer et al. 2009). Es ist unstrittig, dass bereits heute vielfältige technische

Maßnahmen bestehen, um den Einkauf in diesen sechs Aufgabenfeldern zu unterstützen.

So existieren Systeme zur Materialbedarfsplanung (Material-Requirements-Planning-System, MRP), zur besseren Abstimmung von Produktion und Nachschub über unternehmensweite IT-Systeme (Enterprise-Resource-Planning-System, ERP) oder zur operativen und taktischen Unterstützung des Einkaufs entwickelte spezielle Einkaufssysteme (E-Procurement). Insgesamt werden durch diese IT-Systeme die Prozesse und Aufgaben des Einkaufs mit den anderen Funktionen (Produktion, Logistik) und mit dem Beschaffungsmarkt und den Lieferanten verknüpft (Glas und Kleemann 2016, S. 58 ff.).

Versucht man die technische Unterstützung des Einkaufs als Gliederungssystematik zu nutzen, dann wäre ein traditioneller Einkauf gänzlich ohne technologische Hilfsmittel die Basis (Einkauf 1.0). Grundlegende, auf Einzelaufgaben fokussierte Systemunterstützung, wie das „Material Requirements Planning" bildet die nächste Entwicklungsstufe gängiger Einkaufstechnologien. Unternehmensweite Verknüpfung (wie durch ERP-Systeme), Automatisierung vor allem operativer Prozesse und eine punktuelle Anbindung externer Organisationen (z. B. Lieferanten-Schnittstellen via EDI) beschreibt dann Stufe 3. Deren Weiterentwicklung und zunehmende Verbreitung kulminiert dann technologisch im Einkauf 4.0.

Hier überlagern sich viele technische Neuerungen. Die rasche Entwicklung des Internets mit Server-(Cloud)-Diensten, verbesserte Funktionalitäten und Bedienbarkeit von Software samt künstlicher Intelligenz, die Verkleinerung und Mobilität von Zugangsgeräten sowie die radikale Erhöhung von Datenspeicher- und Datenauswertemöglichkeiten charakterisieren diese Phase für den Einkauf (Abb. 3.1).

Die technische Entwicklung, welche die Stufen von Einkauf 1.0 bis 4.0 beschreiben, ist nicht wegzudiskutieren. Doch greift man das Verständnis verschiedener technischer Anwendungen schärfer, so drängt sich doch die Frage auf, was denn nun wirklich das „Neue" am Einkauf 4.0 ist. Zur Beantwortung dieser Frage wird auf den Fokus bestehender Lösungen verwiesen. Diese waren entweder nicht spezialisiert auf die Belange des Einkaufs (MRP, ERP) oder optimierten insbesondere operative Aktivitäten des Einkaufs (E-Procurement). Im Fokus standen vor allem vereinfachte Bestelllösungen und vereinzelte taktische Aufgaben. Allerdings war hier der Fokus auf der *Automatisierung* – eine selbstständige Abarbeitung vorprogrammierter Arbeitsschritte durch ein System, oft basierend auf einem menschlichen Auslöser (Bendel 2017, S. 162).

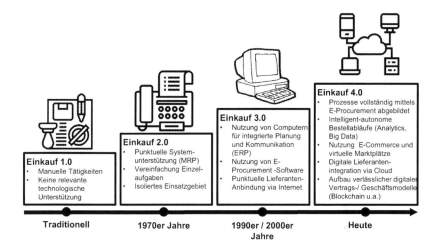

Abb. 3.1 Die Entwicklungsstufen des Einkaufs

Im Einkauf 4.0 dagegen kommt, wie in Abschn. 2.2 skizziert, der intelligenten, also lern- und entscheidungsfähigen *Autonomisierung* als technische Unterstützung sämtlicher, also auch strategischer Beschaffungsaufgaben größte Bedeutung zu. Dies beinhaltet auch die digitale Schnittstelle zu den Beschaffungsmärkten und aktiven Lieferanten. In der Folge lassen sogar die Beschaffungsobjekte, also die zugekauften Leistungen, starke Veränderungen erwarten (Batran et al. 2017, S. 17). Damit bietet der Einkauf 4.0 nicht nur eine technologische Basis, um Einkaufsprozesse autonom zu gestalten, sondern auch die strategische Ebene (Organisation, Beschaffungsobjekte, Lieferanten) zu verändern (zusammenfassend hierzu Abb. 3.2).

Fazit

- Einkauf 4.0 erhöht gegenüber E-Procurement den Automatisierungsgrad der Prozesse in
- Richtung Autonomie.
- Der Wirkungsbereich des Einkauf 4.0 erweitert sich in strategische Felder.

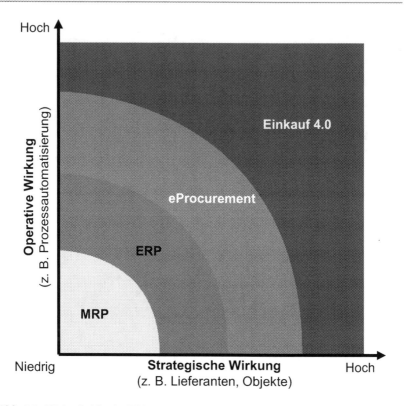

Abb. 3.2 Einkauf 4.0 als Wirkung von Technologien auf operative und strategische Einkaufsaufgaben

3.2   Wirkung der Digitalisierung auf den Einkauf

Nach der im vorherigen Abschnitt erfolgten Abgrenzung von E-Procurement zum Einkauf 4.0 stellt sich die Frage, wie sich die neuen technischen Möglichkeiten, auch der sicheren Kommunikation, z. B. Blockchain, konkret auf die einzelnen Aufgaben des Einkaufs auswirken. Hierzu werden im Folgenden die Kernansätze der Industrie 4.0 (Kommunikation in Echtzeit, digitale Vernetzung, intelligente Systeme; zur empirischen Bestätigung dieses Zusammenhangs (Niederschweiberer und Kleemann 2020) auf den Einkauf (Versorgung des Unternehmens und seine oben genannten sechs Kernaufgaben) übertragen (Abb. 3.3).

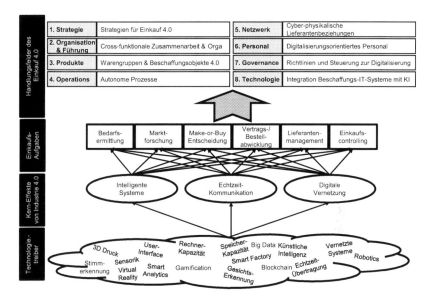

Abb. 3.3 Logik der Analyse des Einkauf 4.0

Daraus wird klar, dass sich zahlreiche, ganz konkrete Unterschiede bei der Bearbeitung der Kernaufgaben ergeben (Kleemann 2016, S. 6 f.; Kleemann und Glas 2016). Schließlich werden acht Handlungsfelder für den Einkauf 4.0 dargestellt, die zu dessen Implementierung herangezogen werden können (Kreutzer et al. 2016, S. 223 ff.; sowie Azari et al. 2014, S. 38 ff.) Diese werden in Kap. 5 genauer erläutert.

Bereits die **Bedarfsermittlung** wird sich verändern. Industrie 4.0 führt zu neuen Beschaffungsobjekten, da alle Produkte und Dienste zukünftig Teil der Vernetzung sein sollen. In diesem Bezug wird sich also auch verändern „was" beschafft wird: zugekaufte Materialien müssen auf die Vernetzung ausgelegt sein. Insofern verändern sich bestehende Beschaffungsobjekte oder es müssen sogar neue Objekt- bzw. Warengruppen etabliert werden (Anderhofstadt und Kluth 2019). Die rasche technologische Entwicklung in vielen Bereichen wird das Bedarfsmanagement zudem vor die Aufgabe stellen, noch besser Innovationen von Lieferanten zu identifizieren, zu entwickeln und in die eigene (End-)Produktlandschaft einzubinden (Batran et al. 2017, S. 45 ff.). Gerade auch hinsichtlich des Einkaufs von Investitionsgütern wird das Innovations- und

Bedarfsmanagement eine zentrale strategische Aufgabe des Einkaufs im digitalen Zeitalter. Zudem lässt sich der Entwicklungsprozess von Bedarfsanforderungen und Spezifikationen durch IT-Systeme stärker strukturieren sowie extern vernetzen.

Die **Beschaffungsmarktforschung** umfasst die Sammlung, Aufbereitung und Weiterleitung von Marktinformationen für Beschaffungsentscheidungen. Es existieren bereits analytische Systeme, die schon jetzt weit mehr (Echtzeit-) Daten verarbeiten („Big Data Analytics") als tradierte Suchmethoden (z. B. „googeln"; Heinrich und Stühler 2018, S. 77 ff.). Daraus können in der Folge hochvalide Prognosen und Entscheidungshilfen bereitgestellt werden („Predictive Analytics"). Solche Systeme ergänzen oder ersetzen sogar durch die Ergebnisse ihrer Algorithmen bisher durch Menschen vorgenommene Einschätzungen und Entscheidungen.

Mit derselben Analytik wird der Einkauf zukünftig auch bei der **Make-or-Buy-Entscheidung** und bei der **Vertragsvereinbarung** unterstützt (Feldman und Pumpe 2016, S. 23 f. bzw. Wilkens und Falk 2019). Bereits jetzt ist es üblich, dass intelligente Systeme Aktiengeschäfte autonom und in Sekundenbruchteilen abschließen. Selbstverständlich werden sich Entscheider die letzte Freigabe bei sehr strategischen Einkaufsvorhaben vorbehalten. Letztlich aber ist von einer ultimativen Entscheidungsunterstützung – auch bei strategischen Fragen – auszugehen. Aus einer gänzlich anderen Perspektive eröffnen mit der Industrie 4.0 in Verbindung stehende Konzepte wie der 3-D-Druck die grundlegende Frage nach Eigen- oder Fremdfertigung neu (Kleemann und Glas 2016).

Die **Bestellabwicklung** als operativer Prozessblock wird durch digitale Technologien ebenfalls massiv verändert. Durch die Übermittlung in „Echtzeit" ist es denkbar, dass das Auftreten des Bedarfs und dessen Erfüllung mittels Nachbestellung zusammenfallen. Noch wichtiger ist in diesem Zusammenhang der Parameter „intelligent". Während Bestellentscheidungen auch in E-Procurement überwiegend von Menschen ausgelöst und dann automatisiert abgewickelt werden, können Einkaufssysteme „4.0" Bedarfsverläufe selbstständig analysieren, und darauf basierend auch den Bestellimpuls auslösen (Bienhaus und Haddud 2018, S. 975). Der Grad der Automatisierung verändert sich von einer Prozessunterstützung (E-Procurement) hin zu einer echten, autonomen „end-to-end"-Prozessabwicklung (Einkauf 4.0) durch IT-Systeme.

Auch im **Lieferantenmanagement,** also in der Betreuung, Beurteilung und Entwicklung der Zulieferer kommen verstärkt analytische Methoden zum Einsatz. Ob ein Lieferant das Potenzial hat, auch zukünftig von (strategischer) Bedeutung für den Einkäufer zu sein, wird durch Big Data Analytics transparenter und darauf aufbauende Entscheidungen faktenbasierter (Kleemann und

Glas 2018, S. 17 ff.). Weiterhin wird die digitale Vernetzung dazu führen, dass die Zusammenarbeit mit Lieferanten, insbesondere auf der Ebene des Informationsaustauschs, noch intensiver und autonomer wird. Die Standardisierung von Daten und Schnittstellen, aber auch Fragen der Datensicherheit werden mit Sicherheit eine hohe Relevanz bei „digitalisierten Lieferantenbeziehungen" bekommen (Becker et al. 2017, S. 119 f.). Gleichzeitig zeigen bestimmte technische Entwicklungen, z. B. Datenbrillen und Software zur Erkennung von Gemütszuständen, dass sich sogar in der direkten menschlichen (Lieferanten-) Kommunikation perspektivisch vieles verändern wird. So könnte sich ein Einkäufer in **Verhandlungen** via Datenbrille über den aktuellen Zustand seines Gegenübers informieren lassen und gegebenenfalls eine Phase der Müdigkeit oder Euphorie seines Gegenübers für die eigene Verhandlungsstrategie ausnutzen. Bereits jetzt gibt es zudem „Verhandlungs-Roboter", also Software, die versucht Verhandlungen nicht nur zu optimieren, sondern gleich autonom zu führen (Scheible 2019, S. 507 ff.).

Selbst auf Ebene des **strategischen Beschaffungsmanagements** sind ebenfalls Veränderungen in Analyse, Entscheidung und Durchführung zu erwarten. Big Data kann die Möglichkeiten zur Sammlung und Auswertung von internen und externen Daten im Rahmen der Strategieentwicklung wesentlich erleichtern (was auch für das **Einkaufscontrolling** elementar ist). Selbst die nachfolgende Entwicklung passender (Warengruppen-)Strategien kann mithilfe von Algorithmen und künstlicher Intelligenz unterstützt oder weitestgehend übernommen werden (Schultz und Pleuger 2018).

Insgesamt zeigt sich, dass die digitalen Technologien sämtliche Aufgaben – also gerade auch die strategischen Tätigkeiten – verändern oder sogar vollständig *übernehmen* können. Bestehende IT-Lösungen im Einkauf haben dagegen nur bestimmte Aufgaben operativ oder strategisch *unterstützt*. Während bisherige IT-Lösungen im Einkauf von ihrer Rechenkapazität, ihrem Vernetzungsgrad oder ihrer Logik begrenzt waren, werden intelligente digitale Systeme in der Lage sein, beliebig viele historische und zukunftsorientierte Daten auszuwerten und werden auf dieser Basis eine ganzheitliche, autonome und Echtzeit-Aufgabenerledigung des Einkaufs anbieten. Abb. 3.4 zeigt im Überblick, dass die Veränderungen sich auf Prozess, Organisation, Bedarfsinhalte, Sourcing, und Lieferantenbeziehung auswirken werden.

Das Management des Einkauf 4.0 hat daher die Aufgabe diese Veränderungen anzunehmen. Die Wandlungsfähigkeit des Einkaufs wird dabei maßgeblich determiniert durch die Strategie und die Kompetenzen sowie die implementierten Systeme. Damit aber die Elemente eines Einkauf 4.0-Managements ausgestaltet

Wie wird eingekauft?	Was wird eingekauft?	Von wem wird eingekauft?	Wie wird mit Lieferanten zusammen gearbeitet?
Digitale Prozesse (operativ, taktisch, strategisch)	Daten Innovationen Digitale Geschäftsmodelle und Produkte	Digitale Organisation / Wertschöpfungsverbund	Digitale Lieferantenintegration
Veränderung im Prozess	Veränderung der Objekte	Veränderung in der Organisation (Struktur, Personal, Methoden)	Veränderung im Lieferantenmanagement

Abb. 3.4 Kernimplikationen auf den Einkauf 4.0

werden können, ist es wichtig passende Zielbilder zu haben. Deshalb werden im nachfolgenden Kapitel drei Zukunftsszenarien kurz beschrieben.

Fazit

- Einkauf 4.0 wird sich auf sämtliche Kernaufgaben des Einkaufs auswirken.
- Identifikation, Bewertung und Umsetzung passender neuer Technologien als aktive Gestaltungsaufgabe auf dem Weg zum „Einkauf 4.0"

Zukunftsbilder zum Einkauf 4.0

4

Im vorangegangenen Kapitel wurde dargestellt, dass die Digitalisierung auf sämtliche Kernaufgaben des Einkaufs wirkt. Bevor aber der Wandel gestaltet werden kann, was auch immer mit einer zeitlich-inhaltlichen Priorisierung von Investitionsmitteln einhergeht, macht es Sinn, sich über die Zukunft des Einkaufs klar(er) zu werden. Vergleichbar mit jüngster Forschung in diesem Bereich (Legenvre et al. 2020) werden drei Zukunftsbilder mithilfe der Szenario-Technik entworfen. Damit werden die wesentlichen, aber auch die besonderen Auswirkungen von Industrie 4.0 auf den Einkauf aufgezeigt. Daran anknüpfend werden die Auswirkungen noch ökonomisch beurteilt.

4.1 Drei Szenarien für den digitalisierten Einkauf

Die Zukunft des Einkaufs in einer digitalisierten Welt ist heute nur unpräzise beschreibbar. Es ist zwar absehbar, dass der Wandel hin zum Einkauf 4.0 kommt. Allerdings ist es noch nicht vorhersagbar, wie und in welcher Geschwindigkeit dieser Wandel die Unternehmen und die Einkaufsabteilungen treffen wird. Die Anwendung der Szenario-Technik soll hier für etwas Klärung sorgen. Den Ausgangspunkt bildet der Istzustand, der auf Basis aktueller Trends in die Zukunft prognostiziert wird. Dabei werden in diesem Essential drei extrem unterschiedliche Szenarien beschrieben, welche somit geeignet sind die Bandbreite der Digitalisierung im Einkauf zu veranschaulichen (Abb. 4.1).

Szenario 1: Daten als Einkaufsmacht
Das erste Szenario basiert im Wesentlichen auf zwei Annahmen. Erstens, dass hinreichend Datenübertragungskapazität bereitsteht, um sämtliche Produkte,

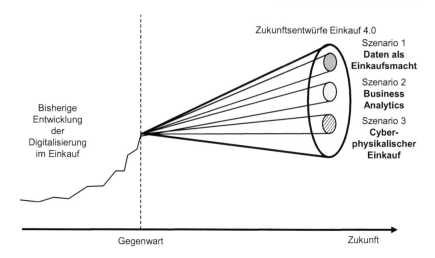

Abb. 4.1 Szenario-Entwürfe für den Einkauf 4.0

Prozesse und Systeme miteinander in Kommunikation treten zu lassen. Zweitens, dass moderne Sensorik flächendeckend Zustands-, Bewegungs- und Umgebungsdaten für alle cyber-physikalischen Systeme inkl. der Objekte (bzw. Produkte) erhebt. In einem solchen Szenario werden die Daten zu Einkaufsmacht. Die Einkaufsmacht entsteht, weil auch der Lieferant zwingend auf die Verfügbarkeit der Daten seines Produkts angewiesen ist, um dieses weiterzuentwickeln und Nachfolgeprodukte zu entwerfen.

Ein Beispiel wäre das Bremsverhalten der Kunden eines Autos in einer bestimmten Klimazone und auf Straßen einer bestimmten Güte. Das Verlangen des Bremsen-Lieferanten nach Daten des Bremsverhaltens könnte durch den Einkauf genutzt werden, um in Verhandlungen die eigene Position zu stärken.

Allerdings ist zu beachten, dass Daten nicht nach dem bisherigen Muster im Einkauf ge- und verhandelt werden können. Sieht man zukünftige cyber-physikalische Systeme als Summe aus traditionellen Bauteilen zuzüglich der Sensoren, Daten und Algorithmen, dann ergeben sich vielfältige und vor allem wechselseitige Abhängigkeiten zwischen Herstellern und vorgelagerten Lieferanten.

Um im Beispiel der Bremse zu bleiben: diese wird auch zukünftig in irgendeiner Weise Bewegungsenergie in Reibung, Wärme oder Energie umwandeln und so das Automobil abbremsen. In einer digitalisieren Welt werden dabei durch zahlreiche Sensoren sämtliche Daten erfasst, die dabei entstehen. Eine Bremse der Zukunft wird aber nur „gut" funktionieren, wenn sie in der Lage ist – abhängig vom aktuellen Verkehrsaufkommen und praktizierten Fahrstil – optimal ihren Dienst zu verrichten. Der Bremsenlieferant wird also zukünftig auch moderne Steuerung und Algorithmen in die Bremse einbauen und mitliefern.

In einem solchen Fall ist es schwer zu sagen, wem anfallende Daten wirklich gehören und ob es aufgrund der hohen Vernetzung möglich sein wird Daten „exklusiv" zu nutzen. Damit verschwimmen letztlich auch die Grenzen zwischen Einkauf und Lieferant. Denn der Lieferant versorgt zwar das einkaufende Unternehmen mit Leistungen und spezialisierten Algorithmen, gleichzeitig „beliefert" aber auch das einkaufende Unternehmen den Lieferanten mit Daten aller Art.

Es wird sich zeigen, wie sich traditionelle Lieferantenbeziehungen angesichts verschwimmender Rollen und Interessen verändern werden. Die zentrale These ist, dass streng hierarchische Supply Chains mit dominanten OEMs nicht mehr fortbestehen können, wenn Lieferanten überlegene Algorithmen anbieten. Die Wertschöpfungsstrukturen werden sich also spürbar verändern und Daten eine wichtige Rolle in der Verhandlung mit Lieferanten einnehmen.

Szenario 2: Business Analytics – Bestellen, wenn der Bedarf statistisch entsteht
Das zweite Szenario wirft ein Schlaglicht auf autonome Bestellabwicklungssysteme mit künstlicher Intelligenz. Diese werden – gespeist durch eine Fülle an Echtzeitdaten – in der Lage sein, eigenständig Bestellentscheidungen zu treffen und dabei stetig dazuzulernen. Bedarfe werden dabei in erster Linie auf Basis statistischer Analysen und Prognosen bestimmt. Für einen effizienten Wertschöpfungsprozess wird es entscheidend sein, *wie* gut Bedarfe antizipiert werden können. Die autonome Prognose wird hier zum Wettbewerbsvorteil.

Schon heute ist es keine Vision mehr, dass Logistikprozesse (Transporte) ausgelöst werden, wenn die Wahrscheinlichkeit einer Bestellung von Kunden einer Region aufgrund von Klicks im Onlinekatalog („in den Warenkorb legen") über einen bestimmten Schwellenwert steigt. Wie man sich vorstellen kann, ist es bis zu einer solchen dynamischen Echtzeit-Analyse für viele Unternehmen noch ein weiter Weg.

Hierfür sind leistungsfähige Rechnerkapazitäten ebenso notwendig, wie eine leistungsfähige künstliche Intelligenz (KI). Schon heute gibt es KI-Applikationen, die als Softwareprodukte am Markt angeboten werden und in der Lage sind Gemütszustände aus Fotografien und Videos mit hoher Treffgenauigkeit zu analysieren und dabei zu lernen. Andere Anwendungen existieren in der Robotik, bei selbstfahrenden Automobilen, bei der Spracherkennung usw. Aktuell bewerben erste Software-Firmen ihre „KI-Lösungen" für den Einkauf.

Sie sollen über Analysen von Einkaufsdaten Zusammenhänge und Cluster erkennen (Regression, Korrelation usw.). Die Analyse von Abweichungen und von Faktoren, welche die Einkaufsentscheidung maßgeblich unterstützen, spielt hier eine große Rolle. Im Hinblick auf die Möglichkeiten von „Predictive Logistics", also einer proaktiven Beschaffung und Logistik im Wertschöpfungsprozess ist der frühe Einkauf einer solchen KI sicherlich risikobehaftet. Andererseits zeigen die marktbeherrschenden Stellungen von „Algorithmik-Firmen" im Suchmaschinen- und Kartendienst-Bereich, dass es häufig keinen zweiten Sieger im Bereich der KI gibt: „The winner takes it all".

Szenario 3: Strategische cyber-physikalische Einkaufssysteme
Umso wichtiger wird es, dass strategische Investitionsentscheidungen – wie der Kauf einer KI oder die Strukturierung der Softwarearchitektur es heute schon sind – auf Basis einer möglichst breiten Faktenlage und unterstützt durch Einkauf 4.0-Auswertungen getroffen wird.

Die Frage in diesem Szenario ist, wie in Zukunft komplexe Einkaufsaufgaben abgewickelt werden können, wenn eine komplexe Schnittstelle Mensch-Maschine notwendig wird. Hierzu bietet sich zur Illustration das Thema der Verhandlung an. Schon heute werden vor Verhandlungen Daten aufbereitet und genutzt. Einen Teil der Verhandlung können zudem Maschinen (Robotic Process Automatization RPA) übernehmen. In komplexen, weiterhin (teilweise) durch Menschen ausgetragenen Verhandlungen werden aber zukünftig traditionelle Formen der Verhandlungsunterstützung womöglich nicht mehr ausreichen.

Um so aktuell wie möglich entscheiden zu können und auch sein Gegenüber, den Verhandlungspartner, jederzeit richtig einschätzen zu können, wird sich der Einkauf 4.0 auch bei klassischen Verhandlungen technisch unterstützen lassen. Auch Verhandlungen werden sich in Richtung eines cyber-physikalischen Einkaufssystems entwickeln. In diesem System wird der Verhandlungsführer über Ausgabemittel wie einer Datenbrille oder eines winzigen In-Ear-Headsets jederzeit Informationen abrufen oder empfangen können. Sensorik in solchen „Smart-Devices" wird in der Lage sein, auch die Verhandlung selbst in Echtzeit auszuwerten und Feedback zu geben. So ist es vorstellbar, dass die Datenbrille Video- oder Fotoanalyse ermöglicht und der Gemütszustand des Verhandlungspartners im Hintergrund ausgewertet wird. Nervosität, Müdigkeit oder ein Moment des Hungers oder der Unkonzentriertheit könnten so für die eigene Verhandlungsführung ausgenutzt werden. Was früher das Bauchgefühl erfahrener Verhandlungsführer ausmachte, wird in diesem Szenario technisch abgebildet.

Als Gegenpol werden in „Einkauf 4.0-Verhandlungssituationen" dann sicher auch „Schutzsysteme" genutzt. Sprach- und Gestik-Analysen des Gegenübers können Hinweise auf Veränderungen, vergleichbar der Analyse eines Lügen-detektors, geben. Ist sich der Verhandlungspartner wirklich „sicher"? Ist seine Aussage zur Qualität der Produkte und der Leistungsfähigkeit seiner Logistik wirklich glaubwürdig? Ist der angebotene Preis ein Lockangebot? All das sind Fragen, die intelligente Systeme im Hintergrund stellen werden und die Analyse wird die Bewertung der Aussagen des Verhandlungspartners auf die Kosten und Leistungen der Supply Chain unmittelbar aufzeigen und als Feedback in die laufende Verhandlung zurückspielen.

In diesem Szenario arbeitet der strategische Einkäufer der Zukunft Hand in Hand mit der Logik von Big-Data-Analysen und der künstlichen Intelligenz. Die Schnittstelle bilden Ausgabesysteme und User-Interfaces der nächsten Generation. Sprach-, Mimik- und Gestik-Steuerung erlauben dabei eine intuitive Bedienbarkeit und geringe Sichtbarkeit für Verhandlungspartner ohne entsprechende Unterstützung. Damit zeigt das Szenario auch möglicherweise bestehende (ethisch-moralische) Bedenken auf. Passivität wiederum lässt die Gefahr entstehen, zu spät entsprechende Einkaufsfähigkeiten aufzubauen. Passivität wäre, angesichts von ersten „Verhandlungs-Bots", Software-Robotern, die auch schwierige Einkaufssituationen meistern sollen, nicht tolerierbar, geriete man doch in ein strategisches Hintertreffen.

Fazit

- Genaue Vorhersagen zur Entwicklung des Einkauf 4.0 sind nicht zu treffen.
- Szenarien als Zukunftsbilder helfen, Zielrichtungen für den Einkauf 4.0 abzuleiten und einzugrenzen.

4.2   Möglichkeiten und Grenzen des Einkaufs 4.0

Alle beschriebenen Technologien benötigen umfassende, teils visionäre technische Unterstützung. Daraus ergibt sich die Notwendigkeit großer Investitionen in Einkaufssysteme, letztlich eine grundlegende Modernisierung der gesamten IT-Landschaft (wenn denn die aufgezeigten Szenarien überhaupt Realität werden können). Um Kosten und Nutzen des Einkauf 4.0 bewerten zu können, werden in diesem Abschnitt Studien und Prognosen vorgestellt, die erste Anhaltspunkte zum Investitionsbedarf bereitstellen.

Eine Studie belegt die zu erwartenden hohen wirtschaftlichen Effekte (siehe Wischmann et al. 2015): Weltweit wird mit einem Potenzial von 3 Billionen EUR pro Jahr gerechnet. Dies entspricht rund 5 % des globalen Bruttoinlandsprodukts. Das Umsatz-Potenzial für Deutschland allein aus Anwendungen des Internet der Dinge wird auf 145,5 Mrd. EUR in 2020 geschätzt.

Zur Realisierung dieser Möglichkeiten müssen auf Unternehmensebene natürlich auch Investitionen getätigt werden. Schätzungen und Zahlen hierzu sind immer noch mit Vorsicht zu genießen. Gleichwohl kommt eine kürzlich erschienene Befragung zu dem Ergebnis, dass deutsche Industrieunternehmen bereits heute Investitionen i. H. v. rund 5,9 % ihres Umsatzes in Industrie 4.0-Lösungen durchführen – deutlich mehr als noch vor einigen Jahren mit 3,3 % (siehe BITKOM & EY 2019, S. 13 bzw. PWC 2014). Es gibt aber noch deutlich konservativere Abschätzungen (Roland Berger 2016, mit rund 18 Mrd. EUR, umgerechnet durch Wischmann et al. 2015).

Speziell zum Einkauf 4.0 gibt es noch weniger verlässliche Daten zu den Potenzialen. Hierzu führten die Autoren dieses Essentials eine Studie mit zahlreichen Einkaufsmanagern durch (siehe u. a. Kleemann und Glas 2016). Auch im Einkauf ist die Erwartungshaltung riesig: So wurden die Einsparpotenziale und möglichen Effizienzgewinne – nur innerhalb der Einkaufsabteilung – im Mittel auf 21 % der aktuellen Einkaufskosten geschätzt. Der Maximalwert lag bei 40 %; selbst die konservativste Beurteilung der Einkauf 4.0-Potenziale erwartet immerhin eine Effizienzsteigerung von 7,5 %. Zu ähnlich positiven Ergebnissen kommt auch eine Studie zur Digitalisierung im indirekten Einkauf, wo die Prozesskostenersparnis sogar im Durchschnitt mit 40 % berechnet wurde (Müller und Bollini 2017).

Die Antworten der Einkäufer zeigten aber durchaus eine hohe Skepsis gegenüber der Industrie 4.0 und einem Einkauf 4.0. Als größte Herausforderung wurde dabei das veränderte Tätigkeitsspektrum genannt, das man sicherlich erst nach längeren Anlern- und Aufbauphasen vollumfänglich bewältigen könne. Eher aus IT-Sicht wurden zahlreiche Risiken genannt. So fehlen immer noch marktgängige Standards wie man sie aus Internetanwendungen oder Open-Source-Software kennt. Dies erschwert die Integration bei schnell wechselnden Lieferanten und führt zu einer hohen Bindung an bestehende Lieferstrukturen. Andere Risiken betreffen die IT-Sicherheit. Besonders (web-basierte) IT-Schnittstellen könnten für Cyberattacken aller Art missbraucht, Daten ausgespäht, gestohlen, verfälscht oder schlicht vernichtet werden. Daneben ist besonders kritisch, dass bei einer vernetzten Datengenerierung, z. B. zusammen mit den Lieferanten, gar nicht klar ist, wem die Daten wirklich „gehören". Datenhoheit wird also ein wichtiges Thema auch für den Einkauf werden und sei es nur als Regelung in den Beschaffungsverträgen. Die Rechtsverbindlichkeit gerade bei Transaktionen zwischen cyber-physikalischen Systemen ist ein ähnlich gelagerter Punkt, der die befragten Einkäufer umtreibt. Maschinell vereinbarte Kaufverträge von heute, z. B. auf dem Aktien- oder Werbemarkt, werden in Sekundenbruchteilen abgeschlossen. Also werden Geschäfte auch heute schon digital und weitgehend autonom abgewickelt. Allerdings nur innerhalb klarer Vorgaben (= den eigentlichen Willenserklärungen). Wie intelligente Beschaffungssysteme verbindlich neue Verträge mit abgeänderten oder neuen Inhalten vereinbaren können und wie Rechtschutz- und Haftungsfragen dahinter geklärt werden, ist noch unklar. Es überrascht nicht, dass die befragten Einkäufer die größte Herausforderung darin sehen, „mehr" Controlling der Systeme zu leisten und einem Kontrollverlust an die selbstständigen Systeme vorzubeugen.

Mit dieser durchaus nachvollziehbaren Skepsis sind die befragten Einkaufsleiter nicht allein. Auch viele Fachpublikationen sehen in der zunehmenden Vernetzung von Systemen über webbasierte Dienste viele Chancen, aber auch extreme Abhängigkeiten (z. B. BITKOM/EY 2019, S. 12). Lokal auftretende Risiken und Probleme können sich so zu Bedrohungen für unternehmensweite und -übergreifende Prozesse herausstellen, was insgesamt eine Anpassung und Neugestaltung des Sicherheitsmanagements erfordert (Hertel 2015).

Neben den Risiken machen die befragten Einkaufsmanager insbesondere ein Problem aus: Wie in den meisten anderen Erhebungen zu dem Thema wird angegeben, dass aktuell noch viel zu wenig in Richtung Einkauf 4.0 getan wird. Zwar wird die strategische Relevanz eines digitalisierten Einkaufs durchaus anerkannt. Allerdings scheinen noch zahlreiche Umsetzungshürden zu bestehen. Nach Bienhaus und Haddud (2018, S. 976) fehlt es in vielen Organisationen schlicht an der Veränderungsbereitschaft, einer klaren Strategie und zusätzlich ausreichend Ressourcen und Kompetenzen.

Fazit

- Der Einkauf 4.0 bietet Potenziale für Kostensenkungen und Umsatzsteigerungen.
- Die Umsetzung von Einkauf 4.0 erfordert gezielte Investitionen.

Elemente des Einkauf 4.0

5

In Abschn. 3.2 wurde die Wirkung der Digitalisierung auf die Kernaufgaben des Einkaufs diskutiert und insgesamt acht Elemente eines Einkauf 4.0-Managements identifiziert. Damit wird die Umsetzung der Digitalisierung im Einkauf in den Mittelpunkt gestellt (vgl. hierzu ähnlich Schwalbach 2018). Diese Aspekte werden im Folgenden detailliert.

5.1 Strategie: Strategien für den Einkauf 4.0

Grundsätzlich gilt für den Einkauf 4.0 nichts anderes als für eine strategische Beschaffung generell: das Management erfordert eine Ausrichtung an den Zielen und der Strategie des Gesamtunternehmens. Zahlreiche Industriebetriebe in Deutschland, wie etwa BMW oder die Vaillant Gruppe, haben bereits „Digitalstrategien" auf den Weg gebracht. Bestandteile sind z. B. digital aufgewertete Produkt- und Dienstleistungsangebote, vernetzte Fertigungsprozesse oder zweckmäßiger analytischer Umgang mit den neu gewonnenen Datenmengen.

Hier werden zwei Dinge deutlich: die Thematik des digitalen Wandels wird von Firmen als wichtiges, prägendes Thema wahrgenommen, dem gestaltend begegnet werden muss. Andererseits wird zwar der Einkauf zumeist nicht explizit erwähnt. Allerdings werden durch die Elemente der Digitalstrategie umfassend Fragestellungen des Einkaufs berührt: neue Leistungsangebote bedingen auch neue Beschaffungsobjekte und wie diese die Produktion durchlaufen. Auch müssen die Prozesse sowie die entstehenden Daten für Beschaffungsabwicklung und -controlling genutzt werden. Demnach bestehen also umfassende Zusammenhänge zwischen Unternehmenszielen in der Digitalisierung und denen des Einkaufs. Abb. 5.1 verdeutlicht dies.

© Der/die Herausgeber bzw. der/die Autor(en), exklusiv lizenziert durch Springer Fachmedien Wiesbaden GmbH, ein Teil von Springer Nature 2020
F. C. Kleemann und A. H. Glas, *Einkauf 4.0*, essentials,
https://doi.org/10.1007/978-3-658-30790-5_5

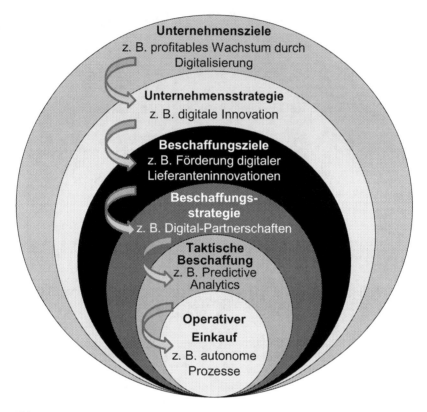

Abb. 5.1 Zielkomplex eines strategischen Einkauf 4.0. (Quelle: eigene Darstellung, mit Bezügen zu Kleemann 2014, S. 105)

Die Strategie für den Einkauf 4.0 muss festlegen, welchen Beitrag die Beschaffung zum Erreichen der Unternehmens-Digitalstrategie leisten soll. Ein Leitbild (oder „Vision") gibt hierbei die strategische Grundrichtung vor. Daran kann sich der Einkauf orientieren (Heß 2017, S. 62 ff.). Sind zum Beispiel Prozesseffizienz und reibungsfreie Abwicklung vordringliche strategische Ziele des Gesamtunternehmens, so sollte auch der Einkauf priorisiert an Themen, wie z. B. autonomen Bestellprozessen, arbeiten. Wird dagegen Innovationsdynamik für neue Leistungsangebote in der Digitalstrategie als Kernthema vorgegeben, kommt dem Einkauf als Schnittstelle zum Lieferanten eine zentrale Rolle beim „Scouting" neuartiger Vorprodukte und Leistungen zu.

Demnach muss sich der Einkauf initial mit den Zielen des Gesamtunternehmens auseinandersetzen und diese in eine Vision der Digitalisierung überführen. Um daraus konkrete Handlungspläne zu entwickeln, ist hierfür das Umfeld zu analysieren. Maßgaben sind z. B. veränderte Anforderungen der internen Kunden bzw. Bedarfsträger oder neue Ansprüche an Lieferanten. Die Ergebnisse der Analyse sind dann als Vorgabe für Maßnahmen zu sehen, die der Einkauf zu ergreifen hat, um den veränderten Rahmenbedingungen Rechnung zu tragen (Wicharz 2015, S. 38 f.).

Aus den zu realisierenden Maßnahmen ergibt sich jedoch typischerweise auch Bedarf an entsprechenden Ressourcen. Neue IT-Systeme, zusätzliches Personal oder veränderte organisatorische Rahmenbedingungen können erforderlich sein. Nur wenn diese bereitstehen, ist der *strategische* Anspruch an die Beschaffung auch angemessen (Dobler und Burt 1996, S. 10 f.). Daher werden diese Aspekte in den folgenden Abschnitten behandelt.

Fazit

- Einkauf 4.0 erfordert eine grundlegende, am Gesamtunternehmen orientierte Strategie.
- Die Einkauf 4.0-Strategie ist mit passenden Konzepten und Ressourcen (IT, Organisation, Personal, …) zu unterstützen.

5.2 Organisation und Führung: Fragen des digitalisierten Einkaufs

Bei Fragestellungen der Organisation werden zumeist strukturelle Aspekte berücksichtigt, in diesem Fall also inwieweit die Digitalisierung Auswirkungen auf den Aufbau der Einkaufsabteilung hat.

Eine Neuerung, die in zahlreichen Unternehmen zu beobachten ist, ist die Ernennung eines sogenannten „Chief Digital Officer" (CDO). Bei diesem sind die digitalen Aktivitäten eines Unternehmens gebündelt (Locker und Grosse-Ruyken 2019, S. 44). In Unternehmen, die so eine Funktion etabliert haben, ist zunächst einmal sicherzustellen, dass der Einkauf Berücksichtigung findet. Das heißt, im Zuge der Digitalisierungsfragen sollten auch die bereits angedeuteten Änderungen in Bezug auf Beschaffungsobjekte, Prozesse oder Lieferanten einbezogen werden.

So eine Zuarbeit könnte zum Beispiel durch eine(n) „Digitalisierungsbeauf-
tragte(n) im Einkauf" erfolgen. Allerdings wird diese Konzentration der digitalen
Aktivitäten auch kritisch gesehen (Summa 2016, S. 100 f.). Die Digitalisierung
ist ja nicht einzelner Geschäftszweig oder Abteilung, sondern zieht sich quer
durch alle Funktionsbereiche und Hierarchieebenen. Somit ist zwar eine
gewisse Bündelung von „digitalen" Aktivitäten bei einzelnen Personen oder
Organisationseinheiten durchaus empfehlenswert; dennoch muss sichergestellt
sein, dass die Belange der Digitalisierung die Mitarbeiter aller Hierarchiestufen
und die Prozesslandschaft in ihrer Gesamtheit erreichen, wenn auch in unterschiedlicher Intensität.

Zum Einsatz kommen müssen eher funktionsübergreifende Teams, um
eine gemeinsame Linie verschiedener Abteilungen oder Geschäftsbereiche zu
erreichen. Denn: einheitliche Standards, z. B. bei Daten oder Systemen, sind
nicht nur auf unternehmensübergreifender Ebene bei der Lieferantenanbindung
eine sehr große Herausforderung der Industrie 4.0 (Scheer 2017, S. 47 f.). Vielmehr sollte eine interne Einheitlichkeit herrschen, bevor diese extern adressiert
werden kann.

Weiterhin denkbar in der Dimension „Führung und Organisation" ist auch
der Einsatz neuer Methoden (unabhängig von den Einkaufsprozessen, die in
Abschn. 5.4 behandelt werden). Im Zuge der Digitalisierung haben auch IT-nahe
Herangehensweisen, wie Scrum, als Teil der sogenannten „Agilen Methoden"
enormen Aufwind erfahren (z. B. Deeken und Fuchs 2018, S 31 ff.). Die
Bedeutung wird auch zunehmend im Einkauf erkannt, wenn auch die Umsetzung
bei weitem noch nicht als abgeschlossen angesehen werden kann (Komus und
Kassner 2019).

Doch auch die generelle Einbindung des Einkaufs, z. B. als „Beschaffungsmarkt-
Schnittstelle" bei der Entwicklung neuer, „digitaler", Produkte, sollte gezielter ver-
folgt werden. Dies ist sicher auch in der Industrie 4.0 kein einfaches Unterfangen,
bemüht sich der Einkauf doch seit Jahren um stärkere Einbindung. Helfen können
an dieser Stelle vor allem aktives Eintreten und „Überzeugen durch Kompetenz"
(Kleemann und Maier 2019, S. 21).

Das Thema Digitalisierung bewegt und verunsichert viele Beteiligte und
Bereiche. Kann der Einkauf darstellen, ein klares Verständnis der anstehenden
Herausforderungen zu haben, so wird dies von anderen Fachbereichen ggf. sogar
als hilfreich wahr- und entsprechend angenommen. Dennoch sollte auch die
Unterstützung des Managements gewonnen werden, um die Berücksichtigung
des Einkaufs zu gewährleisten. Voraussetzung ist jedoch, klar aufzeigen zu
können, warum die Funktion umfassend in den digitalen Wandel miteinbezogen

werden sollte. Auch hier dürfte die Position als Schnittstelle zu den (innovativen) Lieferanten ein Schlüsselargument für eine organisatorische Berücksichtigung oder gar Aufwertung der Beschaffung sein.

Fazit

- Digitalisierung muss in allen Unternehmensfunktionen integral bearbeitet werden. Eine zentrale Koordination ist aber sinnvoll.
- Der Einkauf kann durch seine Schnittstellenfunktion ein Treiber der funktionsübergreifenden Zusammenarbeit sein.

5.3 Produkte: Warengruppenstrategien für Beschaffungsobjekte der Industrie 4.0

Auch wenn die umfassenden Ausführungen zu internen Veränderungen durch die Industrie 4.0 den Eindruck erwecken mögen: natürlich bleibt ein Einkauf 4.0 nicht auf das beschaffende Unternehmen beschränkt. Änderungen ergeben sich sowohl bei den Beschaffungsobjekten als auch in der Folge ggf. bei den Warengruppen (Anderhofstadt und Kluth 2019).

Auf der Objektebene ist zu erwarten, dass sich die Beschaffungsobjekte aus drei Gründen verändern (Kleemann und Glas 2016). Zunächst, weil die zu produzierenden eigenen Produkte durch neue Funktionalitäten angereichert werden. So werden auch neue Vorleistungen der Lieferanten zu beziehen sein oder diese müssen neue Anforderungen erfüllen. Ein Touchpad samt Software zur intuitiven Steuerung einer Maschine statt wie bisher Monitor und Tastatur ist hier exemplarisch zu nennen. Weiterhin wäre auch denkbar, dass sich durch die Industrie 4.0-nahen Fertigungstechnologien Veränderungen für zugekaufte Komponenten ergeben. Durch 3-D-Druck wird es möglich, Bauteile in Kleinserien selbst wirtschaftlich herzustellen. Statt z. B. Ersatzteile einzeln nachzukaufen, wird vom Lieferanten – wenn überhaupt – nur mehr eine Lizenz zum Nachbau der bisher von ihm zugelieferten Teile benötigt. Dazu kommen ggf. die zum Druck erforderlichen Grundstoffe, wie etwa 3-D-Druck-Granulate. Zuletzt ist auch denkbar, dass Lieferanten von sich aus neue „digitalisierte" Leistungsangebote unterbreiten, die durch den Einkauf zu bewerten und ggf. zu integrieren sind (Bogaschewsky 2019, S. 157 f.).

Aktuell scheint der Einkauf diese neuen Möglichkeiten noch wenig anzunehmen (Kleemann und Glas 2016, S. 17). Dabei liegt in der „Industrie 4.
0" umgebenden Verunsicherung eine große Chance: nämlich durch klaren Blick
auf die anstehenden Veränderungen für Produkte, Verfahren und Vorleistungen
einen spürbaren Mehrwert für das Gesamtunternehmen zu schaffen, der weit
über Kosteneinsparungen hinausgeht. So können die Beschaffungsmärkte gezielt
nach digital angereicherten Vorprodukten durchsucht werden, also aktiv die
Antwort auf die Frage zu finden: Was bieten die Lieferanten an Innovationen an?
Auch wäre denkbar, die möglichen Veränderungen der eigenen Produkte (und
Fertigungsprozesse) zu antizipieren und zu analysieren, wo sich durch „Industrie
4.0" neue Beschaffungsobjekte ergeben können. Darauf basierende Vorschläge
könnten dann sogar Impulse für die eigene Produktentwicklung geben. Spätestens
hier wird klar, dass der Einkauf vom Getriebenen – bestenfalls Partner – der
Produktentwicklung zu deren strategischen Treiber werden kann.

Das erfordert allerdings auch einen Wandel im Einkauf. Von zentraler
Bedeutung ist eine neue Art von Management der internen Kunden und Bedarfsträger. Doch bevor die allzu gut bekannten und oft mühevollen Bemühungen, die
Einbindung des Einkaufs in strategische Fragestellungen wie der Produktentwicklung, wiederholt werden, sollte der Einkauf seine Hausaufgaben machen.
Das heißt im konkreten Fall: nicht zunächst um stärkere Einbindung *ersuchen,*
um aktiv werden zu können. Vielmehr kann man bereits vorher aktiv werden und
dann mit Lösungsansätzen bzw. konkreten Produktvorschlägen auftreten. Dafür
wiederum muss die Beschaffung von „Reaktion auf Bedarf" auf „Proaktive
Lieferanten- und Produktsuche" umstellen. Genau solcher Mehrwert ist es,
der die Akzeptanz des Einkaufs im digitalen Wandel so massiv erhöhen kann
(Kleemann et al. 2016b, S. 21 f.).

Ob neuartige Beschaffungsobjekte auch neues Wissen erfordern, kann aktuell
schwerlich umfassend beurteilt werden. Der Einkauf von Nutzungsrechten für
den 3-D-Druck wird sich mit ähnlichen Fragestellungen beschäftigen wie der
für Software-Lizenzen. Allenfalls ist anzunehmen, dass immer mehr physische
Güter durch Software aufgewertet werden – was den Einkauf oft verkompliziert
(CAPS Research 2003, S. 6 in Verbindung mit Kibies und Öhring 2017).

Auch ob überhaupt neue Warengruppen eingeführt oder sukzessive bestehende
Warengruppen mit neuartigen Beschaffungsobjekten ergänzt werden, kann
noch nicht mit Bestimmtheit gesagt werden. Beispiele, wie die Einführung
einer Commodity „Additive Fertigung" bei einem großen Hersteller von Nutz-
fahrzeugen, deuten jedoch schon heute darauf hin (Anderhofstadt und Kluth
2019). Momentan jedoch werden Warengruppenstrukturen oft historisch basiert
geführt (Stollenwerk 2016, S. 52 f.). Eine einmal eingeführte Lösung wird also

eher selten hinterfragt. Hier ergibt sich für den Einkauf 4.0 eher die Frage, ob die neuartigen analytischen Möglichkeiten nicht auch dazu genutzt werden können, Zusammenhänge zwischen den Beschaffungsobjekten besser zu erkennen und so „passendere" Warengruppen vorzuschlagen. Sogar die Möglichkeit, objektspezifische Beschaffungsstrategien auf Basis interner und externer Daten „automatisch" entwickeln zu lassen, werden bereits diskutiert.

Die Rückkehr zu Eigenfertigung mittels 3-D-Druck könnte zudem die Make-or-Buy-Frage wieder stärker in den Fokus stellen, wo heute der Trend zur Fremdvergabe noch immer ungebrochen besteht. Entsprechend muss sich auch der Einkauf methodisch darauf einstellen, diese komplexe Entscheidung mit intelligenten Tools zu unterstützen. Zusätzlich kann auch hier der Beschaffungsbereich gezielt Impulse setzen, indem er konkrete Vorschläge für Zukaufteile unterbreitet, die zukünftig wieder selbst mittels 3-D-Druck hergestellt werden könnten. In Summe lässt sich so feststellen, dass Beschaffungsstrategien ggf. zukünftig weiter gefasst und neue Produkt-Service-Kombinationen berücksichtigt werden müssen. Der wichtigste strategische Hebel, die Lieferantenbeziehung, dürfte vor deutlich umfassenderen Umwälzungen stehen.

Fazit

- Industrie 4.0 bedingt umfassende neue Beschaffungsobjekte und Wertschöpfungsangebote.
- Die Strukturierung und strategische Steuerung von Warengruppen werden durch analytische IT-Systeme signifikant unterstützt.

5.4 Operations: autonome operative, taktische und strategische Einkaufsprozesse

Bereits in den grundlegenden Ausführungen wurde betont, dass die Kernelemente der Industrie 4.0 auch nicht-produzierende Prozesse massiv verändern werden. Das gilt auch für den Einkauf. Zwar sind schon heute weite Teile der operativen Abläufe (z. B. Bestellungen) und auch immer mehr taktische Aktivitäten (z. B. Auktionen, Ausschreibungen) IT-gestützt. Jedoch: auch wenn oft von „Automatisierung" gesprochen wird, wirklich *automatisch* laufen diese Systeme nicht (Schwalbach 2019, S. 25 f.). Vielmehr werden repetitive, nicht wertschöpfende Tätigkeiten von den IT-Systemen *vereinfacht*, in dem vorprogrammierte Abläufe systemseitig abgearbeitet werden. Auslöser der Prozesse sind aber zumeist noch die Nutzer selbst, auch bestimmen sie noch wesentliche Inhalte, wie z. B. Bestellmengen oder -zeitpunkte.

Überträgt man nun die Kernelemente der Industrie 4.0 auf den Einkauf, so ergeben sich aus dem Anspruch der „Echtzeitkommunikation" und „Vernetzung" bereits deutliche Auswirkungen. Bestandsabgleiche entfallen, die Vernetzung von Produktionsmaschine, Materialien (= Objekt) und Lager erfolgt durchgängig und ohne Zeitverzug. Addiert man nun noch „autonome Intelligenz", kann man den auf einen Materialbedarf folgenden Bestellprozess vollständig automatisieren (Uygun und Ilie 2018, S. 86). Zunächst wird durch das System festgestellt, dass ein bestimmter Bestand erreicht ist. Aufgrund umfangreicher Vergangenheitsdaten, die selbstständig analysiert werden (= Big Data Analytics), wird dann der weitere Bedarf prognostiziert. Darauf basierend löst das System die Bestellung so aus, dass die Nachlieferung rechtzeitig eintrifft (Kleemann et al. 2016a, S. 22 f.). Natürlich existieren auch heute schon „automatische Abrufe". Allerdings finden diese typischerweise „statisch" statt, d. h. es werden ein fester Meldebestand und/oder feste Abrufmengen voreingestellt.

Neben diesen, tatsächlich autonomen, Prozessen hat im Verlauf der digitalen Transformation vieler Unternehmen das Thema „Robot Process Automation" (RPA) spürbar an Bedeutung gewonnen (Langmann und Turi 2020, S. 1 ff.). Streng genommen, handelt es sich hier jedoch um eine weitere Form der Prozessautomatisierung – unabhängig von den oft komplexen ERP- und E-Procurement-Systemen und damit wesentlich einfacher umzusetzen (Ancarani und Di Mauro 2018, S. 16). Das Potenzial von RPA wird im Einkauf vor allem in simplen administrativen Abläufen mit hoher Wiederholungsrate gesehen, z. B. das Anlegen von Bestellungen, die Prüfung von Rechnungen oder ähnlichem (Deloitte 2017, S. 6). Zwar fehlt für eine definitorische Zurechnung zum Einkauf 4.0 streng genommen der Aspekt der (künstlichen) Intelligenz, da Prozessfolgen nur wie vorprogrammiert ablaufen. Dennoch bietet sich RPA im Zuge der Digitalisierung im Einkauf durchaus an, um operative Aufgaben so zu vereinfachen, dass Freiraum für strategischere Themen entsteht.

Neben operativen Abläufen lassen sich auch taktische Einkaufsprozesse stärker mithilfe intelligenter Systeme umsetzen. Aktuell dürften noch viele Einkäufer ihre Angebotsvergleiche mittels Tabellenkalkulationen und aufwendig konstruierten und dennoch fehleranfälligen Verknüpfungen durchführen. Zusammen mit heute schon existierenden elektronischen Ausschreibeplattformen lassen sich entweder aufgrund voreingestellter Rahmenparameter bereits Auswertungen samt Vergabeempfehlung automatisieren (Heinrich und Stühler 2018, S. 85 f.). Entwickelt man die Idee der „Autonomie" jedoch weiter, könnten solche

Entscheidungen auf Basis von historischen Werten von intelligenten IT-Systemen getroffen werden. Die Vergaben würden so deutlich fundierter und effizienter. Selbst strategische Aufgaben des Einkaufs könnten durch datengestützte, intelligente Programme übernommen werden. Schon jetzt nutzen beispielsweise Finanzdienstleister „Big Data Analytics", um Ausfallrisiken spezifischer Kunden zu prognostizieren. Im Einkauf dagegen findet professionelles Risikomanagement, wenn überhaupt, oft noch „aus dem Bauch heraus" statt. Vielleicht werden Kreditratings herangezogen, partnerschaftsbezogene oder operationelle Risiken werden aber oft mittels qualitativer, heuristischer Methoden bewertet. Eine logische Verknüpfung mehrerer Faktoren und eine fundierte Prognose über deren Zusammenwirken im Sinne einer Regressionsanalyse erfolgt jedoch nicht. Auch hier könnten intelligente Systeme zukünftig helfen, bisher ungeahnte Ursache-Wirkungs-Beziehungen aufzuzeigen und so lieferantenspezifische Risiken zu reduzieren (Huth und Romeike 2016, S. 103). Auch weitere Inhalte des strategischen Lieferantenmanagements lassen sich durch digitale Technologien verbessern (u. a. Helmold und Terry 2016, S. 141 ff., siehe hierzu auch den folgenden Abschn. 5.5).

Fazit

- Operative, taktische und sogar strategische Einkaufsprozesse können durch vernetzte, intelligente Systeme unterstützt oder sogar autonom abgewickelt werden.

5.5 Netzwerk: Lieferantenbeziehungen im Zeitalter der Digitalisierung

Angesichts der Möglichkeiten der Prozessautomatisierung stellt sich für viele Praktiker zunächst einmal die Frage, ob Lieferantenbeziehungen in der digital vernetzten Welt überhaupt noch eine Rolle spielen. Allerdings ist gerade zu Anfang der Einführung eines Einkauf 4.0 nicht zu erwarten, dass bereits die gesamte Lieferantenbasis auf die neuen Anforderungen umgestellt werden kann. Vielmehr empfiehlt sich zunächst ein selektives Vorgehen, d. h. gezielt Lieferanten als „digitale Partner" auszuwählen. Mit diesen ist dann gemeinsam die Entwicklung voranzutreiben und später ggf. auf weitere Zulieferer auszuweiten. Kriterien hierfür sind zum einen die digitale Innovationsbedeutung sowie andererseits die Innovationsfähigkeit des Lieferanten (Bezüge hierzu siehe Appelfeller und Buchholz 2011, S. 100).

Indikatoren der „Bedeutung" sind zum Beispiel Volumen sowie Kritikalität der vom Lieferanten bezogenen Beschaffungsobjekte für den digitalen Wandel. Bei der „Fähigkeit" geht es dagegen darum, inwieweit man dem Lieferanten aufgrund von bisherigen Leistungen, Unternehmenskultur, Ressourcenverfügbarkeit etc. zutraut, die Digitalisierung zu meistern (mit Bezügen zu Olsen und Ellram 1997, S. 104 sowie Schupp und Rehm 2018, S. 125 ff.). Zur Selektion der entsprechenden Lieferantengruppen empfiehlt sich hier ein Portfolio, das sich nach diesen Kriterien bildet und in Abb. 5.2 skizziert dargestellt wird.

Priorität haben demnach Lieferanten mit einer hohen Bedeutung für die Digitalisierung sowie einer als hoch erachteten Fähigkeit, die Veränderungen der Industrie 4.0 anzunehmen und zu gestalten („Digital Supply Champions").

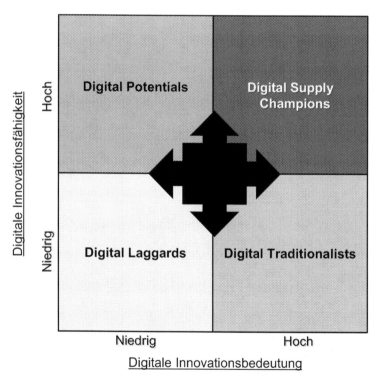

Abb. 5.2 Lieferantenportfolio für den Einkauf 4.0

Im Cluster „Digital Traditionalists" finden sich Lieferanten, die zwar für eine digitale Transformation wichtig wären, die man aber als eher abwartend einschätzt. Möglicherweise helfen hier jedoch gezielte Steuerungsmaßnahmen, auch diese Lieferanten einzubinden. Eher unkritisch ist dies für im digitalen Wandel weniger bedeutende Lieferanten, ob man diesen die Veränderung überhaupt zutraut („Digital Potenzials") oder nicht („Digital Laggards"; siehe Vernardakes 2016, S. 72 sowie Tiago und Veríssimo 2014, S. 704 ff. für Bezüge zur Innovationsannahme durch Organisationen).

Neben der Annahme des digitalen Wandels durch die Lieferanten generell ist auch zu klären, wie die Veränderungen innerhalb der Beziehungen aussehen. Die verfügbaren Technologien der „Industrie 4.0" bedingen natürlich, dass die Zusammenarbeit mit Lieferanten stärker durch die Möglichkeiten der modernen IT-Systeme geprägt sein wird (Wöhner 2018, S. 111 ff.). Dabei sind jedoch nicht nur die in 2.3 und 2.4 erarbeiteten, operativen Aspekte betroffen. Vielmehr ist davon auszugehen, dass auch gemeinsame strategische Aktivitäten stärker digital durchgeführt werden.

Beschaffungs- und Innovationsprozesse beispielsweise könnten durch Nutzung von Cloud-Lösungen stärker dezentralisiert ablaufen. Um dabei die Koordination zu sichern, sind Plattformen zur Kommunikation und zur Steuerung der Prozesse erforderlich (Schlünsen und Schentler 2016, S. 87 f.). Angesichts der zunehmenden Gewöhnung an online-basierte soziale Netzwerke sollte es jedoch zunehmend leichter fallen, diesen Austausch zwischen Lieferanten und Einkäufern auch digital abzuwickeln (Vollath et al. 2014).

Entgegen der intuitiven Annahme, die zunehmende IT-Nutzung würde zu einer Entpersonalisierung der Lieferantenbeziehungen führen, wird vom Einkauf 4.0 überwiegend sogar deren Intensivierung erwartet (BME/Fraunhofer IML 2016, S. 8). Wesentlicher Grund hierfür ist die starke Zunahme der wechselseitigen Integration bzw. Vernetzung auf System-, Produktions- und Produktbasis zwischen beschaffenden Unternehmen und Lieferanten.

Doch allein die prozessual-systemische Verflechtung zu betrachten, greift zu kurz. Es wurde bereits angedeutet, dass Datenstandardisierung und Datenschutz wesentliche IT-orientierte Komponenten der Industrie 4.0 sein werden. Gerade die (kontrollierte) Weitergabe von sensiblen Daten als Folge der Vernetzung steht hier als Herausforderung. Durch technische Maßnahmen allein ist dies nicht zu gewährleisten. Vielmehr muss eben auch hier weiterhin eine vertrauensvolle, gezielt aufgebaute und gepflegte, Lieferantenbeziehung das Fundament bilden.

> **Fazit**
>
> - Auf dem Weg in die Industrie 4.0 sollten gezielt mögliche Lieferanten-partner identifiziert und eingebunden werden.
> - Der Einsatz von IT-Systemen digitalisiert Lieferantenbeziehungen deutlich und die erforderliche Einbindung intensiviert diese.

5.6 Personal: Einkäufer in einer digitalen Welt

Bei aller Euphorie über Vernetzung, künstliche Intelligenz und cyber-physische Systeme darf auch für den Einkauf 4.0 nicht die Rolle der Mitarbeiter außer Acht gelassen werden (Kleemann et al. 2016a, S. 23 f.). Klar ist, dass sich das Einkäufer-profil deutlich wandeln wird. Bei der Realisierung der bereits skizzierten Prozess-veränderungen sollte eine deutliche (ggf. vollständige) Entlastung von operativen Tätigkeiten erfolgen. Zukünftig werden analytisch-konzeptionelle Aufgaben, Prozessgestaltung und Steuerung einen deutlich größeren Stellenwert einnehmen.

Im Einzelnen heißt dies, dass Einkäufer beispielsweise …

- Prozesse entwickeln und pflegen, in denen autonome Systeme die operative Abwicklung übernehmen,
- die notwendigen IT-Systeme definieren und (mit anderen Funktionsbereichen gemeinsam) realisieren,
- die Rahmenparameter festlegen, in denen diese Systeme agieren, z. B. also unter welchen Bedingungen oder Wertgrenzen Bestellungen autonom aus-gelöst werden,
- Sicherstellen, die Prozesse reibungslos ablaufen zu lassen und ggf. steuernd einzugreifen,
- Verbesserungspotenziale im Einkaufssystem sowie an den Schnittstellen erkennen und realisieren.

Zwar ist die Aufstellung nicht als abschließend zu sehen und auch weiterhin wird es beschaffungsobjektorientierte Warengruppenmanager geben. Dass sich das Anforderungsprofil für Einkaufspersonal aus den veränderten Schwerpunkten spürbar wandeln wird, kann als nahezu sicher angesehen werden (Fröhlich und Karlshaus 2017, S. 5 ff.). Zum einen wird tieferes IT-Know-how wichtig: wo heute Anwenderwissen reichen mag, müssen Systeme in Zukunft verstanden werden, um sie gestalten zu können. Ähnliches gilt für die Festlegung und regelmäßige Überprüfung sowie Justierung von Prozessen. Methodisch muss sich das „Team Einkauf 4.0" zudem darauf einstellen, Abläufe mehr zu steuern als diese abzuwickeln. Was zunächst banal klingt, könnte viele traditionell geprägte Einkaufsmitarbeiter überfordern. Abwickeln bedeutet, bekannte Abläufe in einem vorgegebenen Rahmen abzuarbeiten. Steuern bedeutet dagegen, Missstände zu erkennen, zu dokumentieren und, ggf. gemeinsam mit anderen, auf eine dauerhaft tragfähige Lösung hinzuarbeiten. Wo solche Fähigkeiten nicht oder unzureichend vorhanden sind, müssen entsprechende Entwicklungsprogramme greifen, um das Personal fit für die „digitale Revolution" zu machen (Ruf 2019, S. 368). Im Gegensatz zu „klassischen" Top-down-Programmen sollten jedoch auch hier, im Sinne agiler Führung, die Mitarbeiter ihren Entwicklungsbedarf selbst lösen und mit innovativen Lernformen umsetzen dürfen (Rigby et al. 2016, S. 45).

Fazit

- Der digitale Wandel macht Einkäufer zu Koordinatoren autonomer Systeme.
- IT- und Prozesswissen sind die zentralen Zukunftsanforderungen.
- Eine gezielte Personalentwicklung für die „EinkäuferInnen 4.0" ist unabdingbar.

5.7　Governance: Steuerungsmechanismen des Einkauf 4.0

Im Bereich der Steuerung sind Fragestellungen der Zielbildung und deren Erreichung für den Einkauf 4.0 relevant. Das umfasst Aspekte der Governance, des Einkaufscontrollings sowie dem Controlling der digitalen Transformation.

Governance im Umfeld der Digitalisierung bedeutet dabei nicht nur das Streben nach einer höheren Transparenz für den Einkauf. Vielmehr wird das Zielkonstrukt auch erweitert. Die Umsetzung der digitalen Neuerung gehört dazu ebenso, wie z. B. die Nachhaltigkeit als zusätzlicher Aspekt (Fischer und Jentsch 2019). Auch beim Thema Compliance, speziell im Hinblick auf die Datensicherheit, sind neue Herausforderungen (für den Einkauf) bei der Vernetzung zu erwarten (Falk 2012, S. 92 f.). Die Sicherheit der Daten und die Vermeidung einer (unberechtigten bzw. unerwünschten) Weitergabe sind weitere bisher noch ungelöste Probleme

(Niederschweiberer und Kleemann 2020). Während man im Privaten mit persön-
lichen Daten in sozialen Netzwerken etc. oft relativ unbeschwert umgeht, sind in
der Industrie 4.0 sensibelste Unternehmensdaten in einem schwer kontrollierbaren,
weil vernetzten, Datenraum („Cloud") unterwegs. Selbst wenn zwischen Unternehmen einvernehmliche Regeln zum Umgang mit den Daten gefunden werden,
löst dies noch nicht die Frage der IT-Sicherheit, wenn Systeme „gehackt" würden.
Hier empfiehlt sich besonderes Augenmerk und ein skalierbares Vorgehen, d. h.
kleine Entwicklungsschritte, die bei Bewährung ausgeweitet werden. Andererseits
sollte vermieden werden, aufgrund der Bedenken gar nicht aktiv zu werden.

Die Möglichkeiten eines verbesserten Einkaufscontrollings wurden bereits
in den vorangegangenen Kapiteln recht umfassend dargelegt – Stichwort „Big
Data (Analytics)". Die effiziente Harmonisierung und Auswertung großer Datenmengen, aus internen und externen Quellen, lässt in der Tat höhere Transparenz
und gleichzeitig bessere Entscheidungsgrundlagen in vielen Einkaufsprozessen
erwarten (Kleemann und Glas 2018, S. 18 f.). Auch Echtzeitanalysen sind immer
realistischer.

Zur Steuerungslogik einer digitalen Transformation allerdings gehören nicht
nur die funktionalen Messgrößen (wie Beschaffungsvolumen, Einsparungen
etc.). Auch die Integration der Digitalisierung in die Einkaufsorganisation und
-abläufe sollte mit Kennzahlen hinterlegt werden (Schulze et al. 2018, S. 86 ff.).
In Verbindung mit der gewählten Strategie (siehe hierzu insb. Abschn. 5.1) sind
die gewünschten Schwerpunkte der Digitalisierung des Einkaufs mit quantifizier-
baren Messgrößen zu hinterlegen. Sind bspw. effiziente Prozesse ein wichtiges
Element, könnte eine Kennzahl wie „Anteil autonomer Bestellungen" sinnvoll
sein. Steht die Innovation im Vordergrund, wäre die Anzahl oder Steigerungsrate
von Innovationspartnerschaften mit Lieferanten ein möglicher „Key Performance
Indicator". So wird zusammenfassend klar, wie wichtig eine Integration der
Digitalisierung in die Steuerung des Einkauf 4.0 ist.

Fazit

- Die Governance des Einkaufs wird u. a. durch Aspekte wie Compliance,
  Nachhaltigkeit und Datensicherheit erweitert.
- Big Data bietet große Potenziale für das Einkaufscontrolling durch
  schnellere Verarbeitung heterogener Datenmengen und somit quali-
  fizierteren Entscheidungsgrundlagen.
- Die Entwicklung spezifischer digitalisierungsbezogener Kennzahlen ist
  ein wichtiger Baustein für den Einkauf 4.0.

5.8 Technologie: Vernetzte Beschaffungssysteme

Im vorangegangenen Abschnitt klang deutlich an, dass die Prozesse in einem Einkauf 4.0 nur mittels entsprechender Systeme weiterentwickelt werden können. Doch gerade hier hapert es laut Aussagen aus der Praxis (BITKOM & EY 2019, S. 12). Schon die für eine echte Vernetzung in „real time" erforderliche Datenstandardisierung ist bis heute nicht realisiert und auch für die nahe Zukunft nicht zu erwarten (Kleemann und Glas 2016, S. 6 bzw. 12). Jede Anbindung eines einzelnen Lieferanten bleibt ein eigenes kleines Projekt.

Weiterhin bilden die heute am Markt verfügbaren Systeme die Funktionalitäten eines „Einkauf 4.0" bisher nur unzureichend ab. Zwar gibt es vereinzelte Lösungen oder es besteht die Option einer (aufwendigen) Eigenentwicklung. Doch genau solche „Insellösungen" widersprechen der Intention der Vernetzung deutlich, sind also maximal eine Übergangslösung. Selbst wenn man technische Faktoren außer Acht lässt, sind noch deutliche, menschengemachte Hindernisse zu überwinden (BME und Fraunhofer IML 2016, S. 21 f.). So ist eine Konsequenz aus der Vernetzung auch ein freierer Fluss von Daten.

Trotz der Entwicklungsdefizite sollte also der Einkauf auch hier den „digitalen Wandel" gestalten. Tatsächlich liegen auf der „Roadmap" zum Einkauf 4.0 noch zahlreiche Hindernisse, insbesondere auf der Systemebene. Stellt sich der heutige Einkauf jedoch auf die Position, man könne ja mangels fertiger Lösungen „nichts" tun, verpasst er die Chance als strategischer Gestalter aufzutreten – und fällt in die Rolle des „Getriebenen" zurück. Gefragt ist also, ein klares Anforderungsprofil für die IT des Einkaufs 4.0 zu entwickeln und gemeinsam mit den relevanten Funktionsbereichen zu realisieren – schrittweise, aber zielgerichtet. Dies wird im Folgekapitel ausführlicher und umsetzungsorientiert behandelt.

Fazit

- Umfassende Systemanwendungen sind für den Einkauf 4.0 vorhanden oder in Entstehung. Es mangelt aber noch an tatsächlich vernetzten und intelligenten Tools.
- Zentrale Fragen der IT- bzw. Daten- und Rechtssicherheit im digitalisierten Einkauf sind noch unbeantwortet.

Roadmap für den Einkauf 4.0

6

Während eine Mehrzahl an Einkaufsmanagern der Digitalisierung eine hohe Bedeutung beimisst, ist der aktuelle Umsetzungsgrad in den Unternehmen eher niedrig. Viele Unternehmen sind weder technisch noch prozessbezogen oder strategisch auf die Digitalisierung vorbereitet (Arbeitskreis Einkauf und Logistik der Schmalenbach-Gesellschaft für Betriebswirtschaft 2018, S. 115). Es fehlt vor allem ein Umsetzungsfahrplan (Bienhaus und Haddud 2018, S. 976). Im folgenden Kapitel wird hierfür ein möglicher Weg aufgezeigt – von der Positionsbestimmung mittels Reifegradmodell über eine strategische Planung bis hin zur eigentlichen Implementierung.

6.1 Reifegradmodell: 4.0-Readiness

Die Untersuchung, welchen Reifegrad eine Organisation hat, ist ein wichtiger Bestandteil einer strategischen Beschaffungsausrichtung (Heß 2015). Entsprechende Konzepte (Reifegradmodelle) sind zwar in großer Zahl für den Einkauf vorhanden, gehen aber aktuell nur unzureichend auf die Digitalisierung ein. Andererseits gehen Reifegradmodelle mit starkem Bezug zur Reife der Unternehmens-IT oder des E-Business nicht spezifisch auf die Schnittstellenfunktion des Einkaufs ein (Mangiapane und Büchler 2014). Aus diesem Grund wird in diesem Essential eine Synthese vorgestellt, das „Einkauf 4.0 Reifegradmodell", welches sich am „Digital Maturity Model" orientiert (Kreutzer et al. 2016, S. 223 ff.; sowie Azari et al. 2014, S. 38 ff.).

Das Modell betrachtet insgesamt fünf Stufen hin zu einer vollständigen Umsetzung von Einkauf 4.0 und orientiert sich dabei an den in den vorangegangenen Kapiteln beschriebenen Inhalten. Die Bandbreite reicht von einem

F. C. Kleemann und A. H. Glas, *Einkauf 4.0,* essentials, https://doi.org/10.1007/978-3-658-30790-5_6

traditionellen Einkauf (Stufe 1), der keine oder nur geringe IT-Unterstützung nutzt, hin zu Stufe 5, dem Einkauf 4.0 mit vollumfänglicher Nutzung echtzeitbasierter Datenkommunikation, totaler Vernetzung und intelligenter Systeme. Zudem wurden drei Zwischenstufen in dem Reifegradmodel definiert (Stufe 2 bis 4), wo ein Teilumfang des Einkaufs unterschiedlich stark digital unterstützt wird. Die Einordnung in das Reifegradmodell erfolgt auf Basis eines kurzen, vereinfachten Fragebogens, der diesem Essential beigefügt ist. So kann jeder Leser „seinen" Einkauf einer Stufe des Models zuordnen (Abb. 6.1).

Der Fragebogen, der zur Einordnung in das Reifegradmodell genutzt wird, greift auf die acht Dimensionen des Einkauf-4.0-Management zurück, die in Kap. 5 vorgestellt wurden. Jede der Dimensionen enthält jeweils drei Reifekriterien, die mit einer unternehmensbezogenen Einschätzung zu bewerten sind. Grundsätzlich gilt: Je umfassender die einzelnen Bestandteile umgesetzt sind, desto höher der „digitale Reifegrad" (Abb. 6.2).

Die Ermittlung des Einkauf 4.0-Reifegrads einer Einkaufsorganisation kann indikativ mithilfe des Fragebogens in Abb. 6.3 vorgenommen werden. Die Auswahl der Kriterien ist dabei nicht abschließend zu verstehen. Eine Erweiterung auf weitere Unterkriterien ist jederzeit möglich.

Der Indexwert für den Reifegrad der bewerteten Einkaufsorganisation wird ermittelt, indem die Summe der Skalenwerte für jede Dimension gebildet und

Traditionell	Beginner	Etabliert	Experte	Exzellenz
Operativer Einkauf	Selektives E-Procurement	Umfassendes E-Procurement	Selektiver Einkauf 4.0	Vollständiger Einkauf 4.0

1. Strategie	verknüpfte, digitale Unternehmens- und Einkaufsstrategie; Roadmap
2. Leadership	adaptierte, crossfunktionale Organisation; Agile Führung;
3. Produkte	neue „4.0"-Beschaffungsobjekte; adaptierte Warengruppenstrategien
4. Operations	autonome operative, taktische und strategische Prozesse
5. Netzwerk	digitale(s) Lieferantenbeziehungen und -management; Plattformen
6. Personal	IT-Wissen; Steuerungskompetenz; gezielte Personalentwicklung
7. Governance	spezifische Steuerungsmechanismen; Compliance; Nachhaltigkeit
8. Technologie	vernetzte KI-gestützte Systeme; Big Data Analytics; Datenstandards

Abb. 6.1 Digital Maturity Model für den Einkauf 4.0

Beispiel für die Messung des Reifegradmodells:

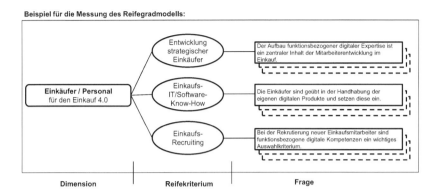

Abb. 6.2 Vereinfachte Messung des Reifegradmodells Einkauf 4.0

diese durch die Anzahl der Faktoren geteilt wird. Anschließend sind die Werte für alle acht Dimensionen zu addieren (in Summe maximal 40 Punkte). Die initiale Reifegradeinordnung ergibt sich dann wie in Abb. 6.4 dargestellt.

Aktuell ist davon auszugehen, dass sich die meisten Einordnungen auf niedrigen Stufen des Reifegradmodells finden. Noch heute gibt es große Unterschiede in der Anwendung bzw. dem Reifegrad von E-Procurement-Lösungen (Bogaschewsky und Müller 2018, S. 45, auch Centobelli et al. 2018, S. 27 ff.), daher ist auch beim weiterführenden Thema Einkauf 4.0 von dieser Tendenz auszugehen. So dürften die meisten Unternehmen die Stufe 3 „Etabliert", lediglich vereinzelte auch die Stufe 4 des „Experten", erreicht haben.

Dies ist auch darauf zurückzuführen, dass marktgängige Einkauf 4.0-Software und entsprechende Standards noch fehlen. Auch Teil-Lösungen, z. B. optimierte Sourcing-Lösungen, sind hier nur ein Zwischenschritt. Auch die Einführung solcher Systeme kostet Zeit. So kann eine vollumfängliche Umsetzung aktuell kaum realisiert werden. Gleichwohl sind die technischen Möglichkeiten längst keine Fiktion mehr – der Einkauf 4.0 wird kommen.

Wenn sich der Einkauf also noch auf einer „niedrigen" Stufe des Digital Maturity Models befindet, dann wird man sich der Frage stellen müssen, ob und wie der Einkauf 4.0 implementiert werden kann. Diesem Thema, insbesondere auch der Geschwindigkeit der Implementierung widmet sich nachstehender Abschnitt.

Dimension/Frage	1	2	3	4	5
	Geringe Zustimmung			Hohe Zustimmung	
Strategie					
Es existiert eine Digitalisierungsstrategie für das eigene Unternehmen / die eigene Organisation.	o	o	o	o	o
Es gibt Vorgaben und Prioritäten, welchen Beitrag ein digitalisierter Einkauf 4.0 für das Unternehmen/die Organisation zu leisten hat.	o	o	o	o	o
Ein (Unternehmens-)zielorientierter Implementierungsplan für Einkauf 4.0 ist vorhanden (Roadmap).	o	o	o	o	o
Leadership					
Die Digitalisierung im Einkauf hat eine operative Führung (Verantwortlichkeiten).	o	o	o	o	o
Digitalisierungsprojekte im Einkauf werden funktionsübergreifend und agil bearbeitet.	o	o	o	o	o
Der Einkauf verfügt über hinreichend Ressourcen, um auch im normalen Geschäftsbetrieb die Digitalisierung / innovative Themen bearbeiten zu können.	o	o	o	o	o
Produkte					
Der Einkauf ist proaktiv auf der Lieferanten- und Produktsuche im Bereich neuartiger, innovativer Technologien, um veränderte Bedarfe zu antizipieren.	o	o	o	o	o
Es existieren Warengruppen (-strategien) für den Einkauf digitaler Leistungen (Software, Lizenzen, CAD-Zeichnungen, Dokumentationen, Rechte).	o	o	o	o	o
Der Einkauf untersucht die Auswirkungen des 3D-Drucks, z. B. hinsichtlich der Make-or-Buy-Frage.	o	o	o	o	o
Operations					
Operative Bestellungen werden auf Basis automatischer Bedarfsrechnungen autonom bei Lieferanten platziert – ohne menschlichen Eingriff.	o	o	o	o	o
Einkaufsentscheidungen (z. B. Lieferantenauswahl) werden autonom getroffen (Predictive Analytics).	o	o	o	o	o
Strategische Analysen und Planungen werden systemgestützt hergeleitet (Big Data).	o	o	o	o	o
Netzwerk					
Es existiert ein Konzept für digitale Lieferantenintegration.	o	o	o	o	o
Lieferantenbeziehungen werden auch hinsichtlich ihres digitalen Potentials differenziert und bewertet.	o	o	o	o	o
In der Zusammenarbeit mit Lieferanten bestehen Standards in den digitalen Kollaborationsformen.	o	o	o	o	o
Personal					
Der Aufbau funktionsbezogener digitaler Expertise ist ein zentraler Inhalt der Mitarbeiterentwicklung im Einkauf.	o	o	o	o	o
Die Einkäufer sind geübt in der Handhabung der eigenen digitalen Produkte und setzen diese ein.	o	o	o	o	o

Abb. 6.3 Kurz-Fragebogen zur Einordnung in das Reifegradmodell. (Quelle: Eigene Darstellung)

Bei der Rekrutierung neuer Einkaufsmitarbeiter sind funktionsbezogene digitale Kompetenzen ein wichtiges Auswahlkriterium.	O	O	O	O	O
Governance					
Zentrale Werte der Industrie 4.0 (Compliance, Nachhaltigkeit, ...) sind Teil des Zielbildes und dessen Steuerungsmechanismen im Einkauf.	O	O	O	O	O
Big Data Analytics ermöglichen ein effizientes und effektives Einkaufscontrolling.	O	O	O	O	O
Zieladäquate, Einkauf 4.0-bezogene Kennzahlen werden regelmäßig erhoben und genutzt.	O	O	O	O	O
Technologie					
Der Einkauf verfügt über ein System, welches bruchfrei die Wertschöpfung datentechnisch erfasst und auswertbar macht.	O	O	O	O	O
Der Einkauf nutzt intern digitale Kollaborationsplattformen und erlaubt den mobilen, proaktiven und strukturierten Wissensaustausch intern und extern.	O	O	O	O	O
Die IT-Systeme des Einkaufs verfügen über Mechanismen und Algorithmen im Sinne einer „künstlichen Intelligenz".	O	O	O	O	O

Abb. 6.3   (Fortsetzung)

Stufe 1	**Traditionell**	0	bis	7 Punkte
Stufe 2	**Beginner**	8	bis	15 Punkte
Stufe 3	**Etabliert**	16	bis	23 Punkte
Stufe 4	**Experte**	24	bis	31 Punkte
Stufe 5	**Exzellenz**	32	bis	40 Punkte

Abb. 6.4   Bewertungsskala Reifegrad Einkauf 4.0

Fazit

- Die Reifegradbestimmung dient als erste Orientierung bei der Entwicklung einer unternehmensspezifischen „Einkauf 4.0"-Strategie.

6.2 Implementierung: Roadmap Einkauf 4.0

Nach der Analyse der Situation ist der nächste logische Schritt die Erstellung und Implementierung eines Handlungsplans, der die einzelnen Phasen und die zeitliche Abfolge zur Erreichung digitaler Exzellenz im Einkauf beschreibt. Eine solche Roadmap bricht die komplexe Herausforderung in machbare Pakete auf. Zudem ist sie als Managementplan elementarer Bestandteil der Digitalisierungsstrategie im Einkauf (siehe auch 5.1; zu Beispielen von Roadmaps für die Industrie 4.0 allgemeine siehe zudem u. a. Seiter et al. 2016).

1. Für eine Roadmap „Einkauf 4.0" ist es zunächst wichtig, ein grundlegendes Setup zu schaffen, das den unternehmensbezogenen Rahmen analysiert (z. B. Unternehmensziele bezüglich der Digitalisierung) und auf den Einkauf überträgt. Zudem sind grundlegende Projektressourcen sicherzustellen.
2. Zur Erstellung der eigentlichen Roadmap sollten dann *alle* acht Dimensionen des Einkaufs 4.0 betrachtet werden. So wird eine isolierte Optimierung vermieden. Mithilfe der Reifegradanalyse (ggf. ergänzt durch weitere Kriterien) müssen darin die eigenen Stärken, aber auch die Lücken in Bezug auf einen Einkauf 4.0 klar identifiziert werden. Dabei sollten strategische Lücken mit besonderem Augenmerk behandelt werden, wirken sich diese doch unmittelbar auf die operativen Prozesse aus.
3. Auf Basis der Reifegradbestimmung werden dann die wesentlichen Handlungsfelder (also die als besonders gravierenden Lücken) priorisiert. Für diese Felder (z. B. Dimension „Strategie") werden dann die möglichen Maßnahmen zum Schließen identifizierter Lücken abgeleitet (z. B. Durchführung eines cross-funktionalen Strategieworkshops). Hierbei gilt es, kreativ und unvoreingenommen mögliche Lösungsansätze zu entwickeln. Es dürfen also ruhig auch mal „ausgefallene" Ideen formuliert werden. Die Auswahl der Maßnahmen folgt denn einer Aufwands- bzw. Machbarkeits- und Nutzen- bzw. Dringlichkeits-Abwägung (= Maßnahmenpriorisierung). Diese ist optimalerweise mit den Unternehmenszielen und -möglichkeiten abzugleichen. Kleinere Unternehmen mit geringeren Mitteln können so naheliegende Maßnahmen umsetzen, ohne die eigenen Ressourcen zu überfordern.

Ein „Strategie-Workshop Einkauf 4.0", die Festlegung eines Projektverantwortlichen, die Definition der Teammitglieder oder die Erstellung eines Schulungskonzepts sind Beispiele für erste Maßnahmen, die man unmittelbar angehen kann. Demgegenüber stehen Maßnahmen, die nur über die Zeit gelöst werden können.

So muss beispielsweise der Kauf einer Software mit KI-Fähigkeiten gut vorbereitet werden (Anforderungskatalog, Spezifikation etc.) und benötigt auch die technische Infrastruktur und Schnittstellen.

Während es also für die Definition von Maßnahmen zunächst wichtig ist, kreativ zu sein, so ist es in der Folge ebenso bedeutsam, realistisch zu bewerten und zu priorisieren. Nur ein solcher Konsolidierungsschritt ermöglicht einen abgestimmten, umsetzbaren Handlungsplan – die Roadmap Einkauf 4.0 (Abb. 6.5).

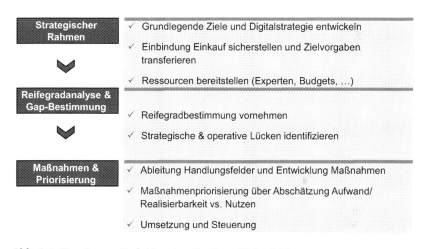

Abb. 6.5 Vorgehen zur Definition einer Roadmap Einkauf 4.0

Schlussbetrachtung Einkauf 4.0 7

Dieses Essential bietet einen Einblick in die aktuelle Diskussion um die zukünftige Entwicklung des Einkaufs, strukturiert diesen Wandel und definiert Einkauf 4.0 in Abgrenzung zu den maßgeblichen vorhergehenden technologischen Entwicklungsstufen. Es zeigt sich, dass die Kernmerkmale der Digitalisierung (Kommunikation in Echtzeit, mehrstufige Vernetzung, intelligente Systeme) tiefgehende Auswirkungen auf sämtliche Kernaufgaben des Einkaufs haben werden. Dies erfordert ein gezieltes Management, was in sieben Elementen dargestellt wurde.

Der Ansatz umfasst Beschaffungs- und Warengruppenstrategien genauso wie die Organisation, die Prozesse oder Fragen des Einkaufspersonals. Damit der Wandel hin zum Einkauf 4.0 einem Ziel folgen kann, umschreibt das Essential drei Szenarien (Zukunftsbilder). Diese werden mit den Erwartungen an Industrie 4.0, dem Investitionsbedarf und den entsprechenden Chancen und Risiken gekoppelt. Dadurch wird die Grundlage geschaffen, um ein Reifegradmodell zur Digitalisierung des Einkaufs anzuwenden und daraus eine „Roadmap Einkauf 4.0" zu entwickeln.

Noch allerdings sind auf diesem Weg zahlreiche Hindernisse zu überwinden. Zahlreiche Umsetzungsprobleme, insbesondere hinsichtlich Fragen der IT- und Rechtssicherheit zeigen sich schon heute. Zwar ist mit Blockchain-Technologien eine potenzielle Lösung in Sicht, doch auch diese ist in vielen Bereichen noch Zukunft statt Realität. Auch autonome Prozesse bergen noch zahlreiche technische oder rechtliche Probleme, dann nämlich, wenn künstliche Intelligenz beginnen soll, neue, eigene, Willenserklärungen abzugeben (zur rechtlichen Diskussion siehe u. a. Tschohl 2014).

Trotz all dieser Unsicherheiten scheint es unbestreitbar, dass der Einkauf 4.0 kommen wird. Der Bereich wird hier seine Wandlungsfähigkeit unter Beweis stellen und die Chancen aktiv angehen müssen. Gerade die Schnittstelle zu den vorgelagerten Märkten kann neue Technologien erkennen und für das Unternehmen nutzbar machen. Dann steigt auch das strategische Gewicht des Einkaufs im Vergleich zu anderen Funktionsbereichen.

Was Sie aus diesem *essential* mitnehmen können

- Digitalisierung und Industrie 4.0 ergeben spürbare und greifbare Auswirkungen in allen Bereichen des Einkaufs (Organisation, Prozesse, Beschaffungsobjekte)
- Abgrenzung des Einkauf 4.0 von eProcurement erfolgt über den Automatisierungsgrad der Prozesse (Autonomie) und den Wirkungsumfang (Objekte und Beziehungen)
- Potentiale zum Einsatz neuer Technologien bestehen in allen relevanten Einkaufsprozessen, auch wenn noch verschiedene Umsetzungsszenarien denkbar sind
- Eine Roadmap auf Basis einer Reifegradanalyse ist der zentrale Schritt zur strategischen Neupositionierung des „Einkauf 4.0" als Vorreiter und Innovationstreiber in der digitalen Transformation von Unternehmen

F. C. Kleemann und A. H. Glas, *Einkauf 4.0,* essentials, https://doi.org/10.1007/978-3-658-30790-5

Literatur

Arbeitskreis Industrie 4.0. (2013). Umsetzungsempfehlungen für das Zukunftsprojekt Industrie 4.0. http://www.bmbf.de/files/Umsetzungsempfehlungen_Industrie4_0.pdf. Zugegriffen: 25. März 2020.

Arbeitskreis Einkauf und Logistik der Schmalenbach-Gesellschaft für Betriebswirtschaft e. V. (2018). Digitalisierung und Vernetzung in Einkauf und Supply Chain Management. In Krause, S., Pellens, B. (Hrsg.), *Betriebswirtschaftliche Implikationen der digitalen Transformation*. ZfbF-Sonderheft, 72(17), Wiesbaden, S. 105–122.

Anderhofstadt, R., & Kluth, D. (2019). Make or buy…or print? Wie 3D-Druck den Einkauf verändert, Berlin.

Appelfeller, W., & Buchholz, W. (2011). *Supplier Relationship Management: Strategie, Organisation und IT des modernen Beschaffungsmanagements* (2. Aufl.). Wiesbaden: Gabler.

Arnold, Ulli. (1997). *Beschaffungsmanagement* (2. Aufl.). Stuttgart: Schäffer-Poeschel.

Arnold, U., Eßig, M., Kummer, S., Stölzle, W., & Weber, J. (2005). Supply (chain) controlling zwischen Rückstand und Fortschritt. Thesen zum Entwicklungsstand einer dynamischen Disziplin. *Controlling, 17*(1), 41–48.

Azhari, P., Faraby, N., Rossmann, A., Steimel, B., & Wichmann, K. S. (2014). *Digital transformation report*. Düsseldorf: Köln.

Batran, A., Erben, A., Schulz, R., & Sperl, F. (2017). *Procurement 4.0. A survival guide in a digital, disruptive world*. Campus: Frankfurt a. M.

Bauernhansl, T. (2014). Die Vierte Industrielle Revolution. Der Weg in ein wertschaffendes Produktionsparadigma. In T. Bauernhansl, M. ten Hompel, & B. Vogel-Heuser (Hrsg.), *Industrie 4.0 in Produktion, Automatisierung und Logistik: Anwendung – Technologien – Migration* (S. 3–36). Wiesbaden: Springer Fachmedien.

Becker, W., Ulrich, P., & Botzkowski, T. (2017). *Industrie 4.0 im Mittelstand. Best Practices und Implikationen für KMU*. Wiesbaden: Springer Fachmedien.

Bendel, O. (2017). Die Industrie 4.0 aus Sicht der Ethik. In S. Reinheimer (Hrsg.), *Industrie 4.0 Herausforderungen, Konzepte und Praxisbeispiele* (S. 161–172). Wiesbaden: Springer Fachmedien.

© Der/die Herausgeber bzw. der/die Autor(en), exklusiv lizenziert durch Springer Fachmedien Wiesbaden GmbH, ein Teil von Springer Nature 2020
F. C. Kleemann und A. H. Glas, *Einkauf 4.0, essentials*,
https://doi.org/10.1007/978-3-658-30790-5

Berger, R. (2014). INDUSTRY 4.0: The new industrial revolution. How Europe will succeed. www.iberglobal.com/files/Roland_Berger_Industry.pdf. Zugegriffen: 25. März 2020.

Bienhaus, F., & Haddud, A. (2018). Procurement 4.0: Factors influencing the digitisation of procurement and supply chains. *Business Process Management Journal, 24*(4), 965–984.

BITKOM/Ernst & Young GmbH. (2019). *Industrie 4.0. Status Quo und Perspektiven.* Berlin: BITKOM/Ernst & Young GmbH.

BME/Fraunhofer IML. (2016). *Einkauf 4.0: Digitalisierung des Einkaufs.* Dortmund: BME/Fraunhofer IML.

Bogaschewsky, R. (2019). Digitalisierung in Einkauf und Supply Chain Management. In R. Obermaier (Hrsg.), *Handbuch Industrie 4.0 und Digitale Transformation Betriebswirtschaftliche, technische und rechtliche Herausforderungen* (S. 139–164). Wiesbaden: Gabler.

Bogaschewsky, R., & Müller, H. (2018). *BME-Barometer „Elektronische Beschaffung".* Würzburg: BME Verband.

CAPS Research. (2003). *Managing your „Services spend" in today's service economy.* Tempe: CAPS Research.

Centobelli, P., Cerchione, R., & Esposito, E. (2018). Boundaries of digitalization. Why companies are still using e-mail and other traditional tools to manage their knowledge – And will they continue? In F. Schupp & H. Wöhner (Hrsg.), *Digitalisierung im Einkauf* (S. 27–44). Wiesbaden: Gabler.

Deloitte. (2017). *Die Roboter kommen: Die unsichtbare Revolution im Einkauf.* München: Deloitte.

Dobler, D. W., & Burt, D. N. (1996). *Purchasing and supply management* (6. Aufl.). New York: Springer.

Drath, R., & Horch, A. (2014). Industrie 4.0: Hit or hype? *IEEE Industrial Electronics Magazine, 8*(2), 56–58.

Ellram, L. M., & Carr, A. S. (1994). Strategic purchasing: A history and review of the literature. *International Journal of Purchasing and Materials Management, 30*(2), 10–18.

Falk, M. (2012). *IT-Compliance in der Corporate Governance. Anforderungen und Umsetzung.* Wiesbaden: Gabler.

Feldmann, C., & Pumpe, A. (2016). *3D-Druck – Verfahrensauswahl und Wirtschaftlichkeit. Entscheidungsunterstützung für Unternehmen.* Wiesbaden: Gabler.

Fischer, K., & Jentsch, M. (2019). Sustainable supply chain governance. In W. Wellbrock & D. Ludin (Hrsg.), *Nachhaltiges Beschaffungsmanagement* (S. 55–74). Wiesbaden: Springer Fachmedien.

Fröhlich, L., & Karlshaus, A. (2017). Status quo: Personalentwicklung in der Beschaffung. Ergebnisse einer empirischen Studie. In E. Fröhlich & A. Karlshaus (Hrsg.), *Personalentwicklung in der Beschaffung* (S. 1–26). Berlin: Gabler.

Glas, A. H., & Kleemann, F. C. (2016). The impact of industry 4.0 on procurement and supply management: A conceptual and qualitative analysis. *International Journal of Business and Management Invention, 5*(6), 55–66.

Heinrich, C., & Stühler, G. (2018). Die Digitale Wertschöpfungskette: Künstliche Intelligenz im Einkauf und Supply Chain Management. In C. Gärtner & C. Heinrich (Hrsg.), *Fallstudien zur Digitalen Transformation* (S. 77–88). Wiesbaden: Gabler.

Helmold, M., & Terry, B. (2016). *Lieferantenmanagement 2030. Wertschöpfung und Sicherung der Wettbewerbsfähigkeit in digitalen und globalen Märkten.* Wiesbaden: Gabler.

Hertel, M. (2015). Risiken der Industrie 4.0 – Eine Strukturierung von Bedrohungsszenarien der Smart Factory. *HMD, 52*(5), 724–738.

Heß, G. (2015). *Reifegradmanagement im Einkauf. Mit dem 15M-Reifegradmodell zur Exzellenz im Supply Management.* Wiesbaden: Gabler.

Heß, G. (2017). *Strategischer Einkauf und Supply-Strategie* (4. Aufl.). Wiesbaden: Gabler.

Huber, W. (2018). *Industrie 4.0 kompakt –Wie Technologien unsere Wirtschaft und unsere Unternehmen verändern.* Wiesbaden: Springer Vieweg.

Huth, M., & Romeike, F. (2016). Aufbau- und ablauforganisatorische Einbindung des Risikomanagements in der Logistik. In M. Huth & F. Romeike (Hrsg.), *Risikomanagement in der Logistik. Konzepte – Instrumente – Anwendungsbeispiele* (S. 85–110). Wiesbaden: Gabler.

Ismail, S. (2014). *Exponential organizations.* New York: Diversion Books.

Kibies, C., & Öhring, A. (2017). *Neue Warengruppenstrategie Software-Einkauf.* Hamburg: DZ BANK.

Kleemann, F. C. (2014). *Supplier relationship management im performance-based contracting: Anbieter-Lieferanten-Beziehungen in komplexen Leistungsbündeln.* Wiesbaden: Gabler.

Kleemann, F. C. (2016). Einkauf 4.0: Schlafwagen oder Lokomotive. *All About Sourcing, 62*(1), 6–7.

Kleemann, F. C., Freidinger, R., & Glas, A. H. (2016). Einkauf 4.0 und eProcurement: Parallelen und Lerneffekte. *Beschaffung Aktuell, 63*(8), 22–23.

Kleemann, F. C., Bausinger, S., & Gentile, D. (2016). Next Level Einkauf: Transformation bei einem Netzbetreiber. *Beschaffung Aktuell, 63*(12), 18–19.

Kleemann, F. C., & Glas, A. H. (2016). *Smart procurement & supply management. Studienergebnisse.* München:

Kleemann, F. C., & Glas, A. H. (2018). Big Data und Einkauf 4.0. *Industrie Management, 34*(1), 17–20. https://www.industrie-management.de/node/168. Zugegriffen: 25. März 2020.

Kleemann, F. C., & Maier, C. (2019). Einkauf 4.0 bei Giesecke + Devrient. Digitalisierung im Einkauf. *Beschaffung Aktuell, 66*(9), 18–21.

Kersten, W., Schröder, M., & Indorf, M. (2014). Industrie 4.0: Auswirkungen auf das Supply Chain Risikomanagement. In H. Koller, W. Kersten, & H. Lödding (Hrsg.), *Industrie 4.0 Wie intelligente Vernetzung und kognitive Systeme unsere Arbeit verändern* (S. 101–126). Berlin: Gito.

Komus, A. & Kassner, M. (2018). *Agiler Einkauf 2018: Beschaffung im Zuge der Digitalen Transformation.* Koblenz.

Kreutzer, R. T., Neugebauer, T., & Pattloch, A. (2016). *Digital business leadership.* Wiesbaden: Springer.

Kummer, S., Grün, O., & Jammernegg, W. (2009). *Grundzüge der Beschaffung, Produktion und Logistik* (2. Aufl.). München: Pearson Studium.

Lambert, D. M., Cooper, M. C., & Pagh, J. D. (1998). Supply chain management: Implementation issues and research opportunities. *The International Journal of Logistics Management, 9*(2), 1–20.

Langmann, C., & Turi, D. (2020). *Robotic Process Automation (RPA). Digitalisierung und Automatisierung von Prozessen.* Wiesbaden: Gabler.

Legenvre, H., Henke, M., & Ruile, H. (2020). Making sense of the impact of the internet of things on purchasing and supply management: A tension perspective. *Journal of Purchasing and Supply Management, 26*(1), 1–14.

Locker, A., & Grosse-Ruyken, P. T. (2019). *Chefsache Finanzen in Einkauf und Supply Chain* (3. Aufl.). Wiesbaden: Gabler.

Mangiapane, M., & Büchler, R. P. (2014). *Modernes IT-Management: Methodische Kombination von IT-Strategie und IT-Reifegradmodell.* Wiesbaden: Springer Vieweg.

Müller, H., & Bollini, E. (2017). *Indirekter Einkauf im Fokus: Zwischen Einsparpotenzial und Zukunftschancen.* Leipzig.

Niederschweiberer, R., & Kleemann, F. C. (2020). Auswirkungen der Industrie 4.0 auf den indirekten Einkauf: eine empirische Analyse. In C. Bode, R. Bogaschewsky, M. Eßig, R. Lasch & W. Stölzle (Hrsg.), *Supply Management Research. Aktuelle Forschungsergebnisse 2020,* Wiesbaden: Springer Gabler.

Obermaier, R. (2017). Industrie 4.0 als unternehmerische Gestaltungsaufgabe. Strategische und operative Handlungsfelder für Industriebetriebe. In R. Obermaier (Hrsg.), *Industrie 4.0 als unternehmerische Gestaltungsaufgabe: Betriebswirtschaftliche, technische und rechtliche Herausforderungen* (S. 3–34). Wiesbaden: Gabler.

Olsen, R. F., & Ellram, L. M. (1997). A portfolio approach to supplier relationships. *Industrial Marketing Management, 26,* 101–113.

PWC. (2014). Industrie 4.0 – Chancen und Herausforderungen der vierten industriellen Revolution. https://www.strategyand.pwc.com/de/de/studien/industrie-4-0.pdf. Zugegriffen: 25. März 2020.

Ruf, M. (2019). Personalmanagement 4.0. In M. Erner (Hrsg.), *Management 4.0. Unternehmensführung im digitalen Zeitalter* (S. 349–387). Berlin: Springer.

Scheer, A.-W. (2017). Industrie 4.0: Von der Vision zur Implementierung. In R. Obermaier (Hrsg.), *Industrie 4.0 als unternehmerische Gestaltungsaufgabe: Betriebswirtschaftliche, technische und rechtliche Herausforderungen* (S. 35–52). Wiesbaden: Gabler.

Scheible, K. G. (2019). Roboter schlägt Mensch – Verhandlungen der Zukunft. In P. Buchenau (Hrsg.), *Chefsache Zukunft* (S. 507–520). Wiesbaden: Springer.

Schlünsen, H., & Schentler, P. (2016). Digitalisierung im Einkauf. Chancen, Anwendungsbeispiele und Erfahrungen bei der Umsetzung. In A. Klein & P. Schentler (Hrsg.), *Einkaufscontrolling. Instrumente und Kennzahlen für einen höheren Wertbeitrag des Einkaufs* (S. 83–98). Freiburg: Haufe-Lexware.

Schultz, D., & Pleuger, M. (2018). Digital procurement – From hype to value, BME-Konferenz „Disrupting Procurement", Berlin.

Schupp, F., & Rehm, M. (2018). Supplier innovation can be measured. How digitalization allows to effectively include the technology dimension into sourcing decisions. In F. Schupp & H. Wöhner (Hrsg.), *Digitalisierung im Einkauf* (S. 125–146). Wiesbaden: Gabler.

Schwalbach, L. (2018). *Einkauf 4.0-Umsetzung der Digitalisierung: Voraussetzungen schaffen, Fachkonzept schreiben und praxisgerecht umsetzen.* Norderstedt: BoD–Books on Demand.

Schwalbach, L. (2019). *Optimierungen der Beschaffung: Einhundert Ansätze zur Einkaufsoptimierung.* Norderstedt: BoD–Books on Demand.

Seiter, M., Bayrle, C., Berlin, S., David, U., Rusch, M., & Treusch, O. (2016). *Roadmap Industrie 4.0.* Ulm: tradition GmbH.

Stollenwerk, A. (2016). *Wertschöpfungsmanagement im Einkauf* (2. Aufl.). Wiesbaden: Gabler.

Summa, L. (2016). (Un)Bequeme Denkimpulse für Veränderung zugunsten einer digitalen Welt. In L. Summa (Hrsg.), *Digitale Führungsintelligenz: „Adapt to win". Wie Führungskräfte sich und ihr Unternehmen fit für die digitale Zukunft machen* (S. 13–150). Wiesbaden: Gabler.

ten Hompel, M., & Henke, M. (2014). Logistik 4.0. In T. Bauernhansl, M. ten Hompel, & B. Vogel-Heuser (Hrsg.), *Industrie 4.0 in Produktion, Automatisierung und Logistik: Anwendung – Technologien – Migration* (S. 615–624). Wiesbaden: Springer Vieweg.

Tiago, M. T., & Veríssimo, J. M. C. (2014). Digital marketing and social media: Why bother? *Business Horizons, 57*(6), 703–708.

Tschohl, C. (2014). Industrie 4.0 aus rechtlicher Perspektive. *e&i Elektrotechnik und Informationstechnik, 131*(7), 219–222.

Uygun, Y., & Ilie, M. (2018). Autonomous manufacturing-related Procurement in the era of industry 4.0. In F. Schupp & H. Wöhner (Hrsg.), *Digitalisierung im Einkauf* (S. 81–98). Wiesbaden: Gabler.

van Weele, A., & Eßig, M. (2017). *Strategische Beschaffung.* Wiesbaden: Springer Fachmedien.

Vernardakis, N. (2016). Innovation and technology. Business and economics approaches. New York: Routledge.

Vollath, D., Gresieker, V., & Hartmann, R. (2014). *Leap ahead: Procurement goes social.* München: Accenture GmbH.

Wicharz, R. (2015). *Strategie. Ausrichtung von Unternehmen auf die Erfolgslogik ihrer Industrie.* Wiesbaden: Gabler.

Wilkens, R., & Falk, R. (2019). *Smart contracts. Grundlagen, Anwendungsfelder und rechtliche Aspekte.* Wiesbaden: Gabler.

Wischmann, S., Wangler, L., & Botthof, A. (2015), Industrie 4.0. Volks- und betriebswirtschaftliche Faktoren für den Standort Deutschland. https://vdivde-it.de/system/files/pdfs/industrie-4.0-volks-und-betriebswirtschaftliche-faktoren-fuer-den-standort-deutschland.pdf. Zugegriffen: 25. März 2020.

Printed in the United States
By Bookmasters